EASY ICHIBAN 日本語

DIRECT INTERMEDIATE-2

감수 김조웅 편저 박나리, 김선혜, 김선리, 田立いずみ

일본어 으뜸

(주)시사일본어사

book.japansisa.com

시작하는 글

요즘 학습자들은 콩글리시를 구사하기 싫어하듯이 코패니즈(바르지 못한 일본어) 또한 구사하기 싫어한다. 모두가 세련되고 정확한 일본어를 구사하고 싶어한다.

단기간의 일본여행에서도 다른 사람의 도움없이 본인 스스로 일본 사람들과 부딪히며 여행을 즐기고 싶어하며, 자막없이 일본 드라마를 보고 싶어하는 요즘 학습자들은 모험을 즐길 줄 아는 참으로 대담하고 똑똑한 학습자들이다.

하지만 지금까지 출간된 책들은 아무리 똑똑한 학습자들이더라도 2개월을 넘기지 못하게 만든 책들이 대부분이었다. 2개월까지 배우고 나면 그 이후의 내용이 갑자기 어려워지거나 혼란스러워져서 학습 의욕을 잃어버리게 했기 때문이다.

이 책은 2개월을 넘어 기초 단계가 끝나는 4개월 째까지 자연스럽고 재미있게 학습 할 수 있도록 도와준 BASIC 4코스를 끝마친 학습자를 위한 중급 교재이다. BASIC 코스와 마찬가지로 다양한 콘텐츠를 이용해 구성하였고, 실제 회화에서 많이 쓰이는 표현을 이용한 회화문을 통해 자연스러운 일본어에 가까워 질 수 있도록 돕는다.

학습자뿐 아니라 가르치는 교사로서도 실제 수업에서 가르치는 순서대로 책의 내용을 구성하였기 때문에 쓸데없는 시간을 줄여 효율적이고 능률적인 수업이 가능하도록 하였다. 어떤 내용을 어떤 순서로 가르치고 학습하느냐에 따라서 학습자들의 실력이 좌우되기 때문이다.

이 책을 통해 학습자와 교사 모두가 쉽고 재미있게 학습하여 무사히 중급코스까지 끝마칠 수 있길 바란다.

저자 일동

본 교재의 구성과 특징

1 워밍업과 핵심 포인트

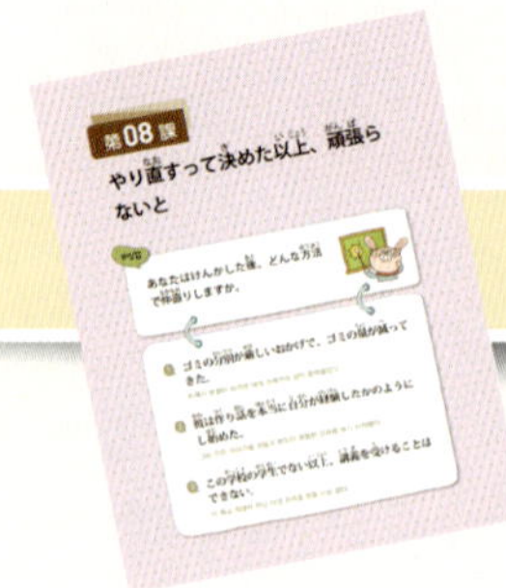

각 과에서 무엇을 배우고 익혀야 하는지 미리 제시하여 이해할 수 있게 하였습니다. 또한 주어진 질문에 가볍게 답해 봅시다.

2 문형 연습

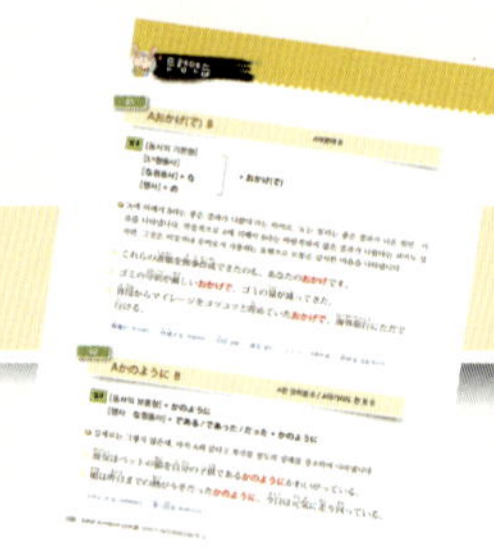

핵심 포인트에서 알아 본 문형을 자세한 설명과 다양한 예문을 통해 쉽게 익힐 수 있도록 하였습니다.

3 체크 포인트

문형연습에서 학습한 문법을 다양한 문제를 통해 확인할 수 있게 하였습니다. 문제의 난이도는 3단계로 나누어 구성하였으니, 문제를 통해 문형을 마스터합시다.

4 문형 체크

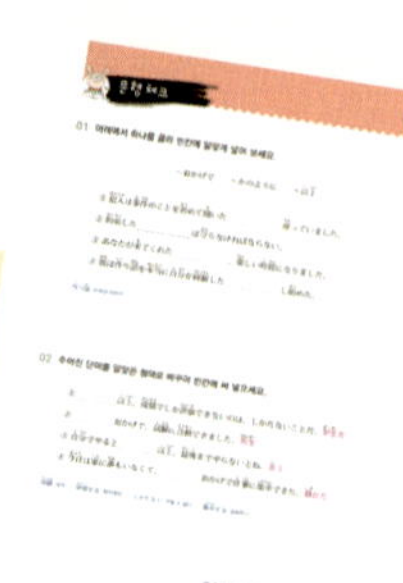

문형 연습과 체크 포인트에서 다루었던 문형을 더욱 심화하여 연습하는 문제로 구성되어 있습니다.

5 회화 본문

각 주제에 맞게 이루어지는 대화를 통해, 평소 회화 시 사용하는 자연스러운 문장을 익혀 봅시다.

6 듣기 연습

각종 시험에서도 듣기 평가가 강조되고 있는 추세에 맞추어 각 과에 듣기 평가 문제를 수록하였습니다. 문제의 구성은 들으면서 즉시 응답할 수 있는 문제와 전체 내용을 파악한 후 O, X로 답해 보는 문제, 들으면서 문장을 적어 보는 연습 등 다양하게 구성하여 듣기와 쓰기 연습을 함께 할 수 있게 하였습니다.

7 단어 총정리

각 파트에서 나온 단어를 한 페이지에 정리하여 학습자들이 한 눈에 보며 암기하면서 듣고 말할 수 있도록 만들었습니다.

8 독해

등장인물의 일기 형식으로 구성되어 있습니다. 일상적으로 쓰이는 표현들을 많이 사용하였으니, 건너뛰지 말고 꼭 읽고 해석해 봅시다.

차례

第01課

プサンといえば、新鮮(しんせん)な刺身(さしみ)ですよ

워밍업

あなたの故郷(こきょう)のいいところ、あまり
よくないところはどんなことですか。

1 花見(はなみ)といえば、京都(きょうと)の桜(さくら)が一番有名(いちばんゆうめい)だ。
벚꽃놀이라고 하면 교토의 벚꽃이 제일 유명하다.

2 この薬(くすり)は高(たか)いだけあって、よく効(き)く。
이 약은 비싼 만큼 잘 듣는다.

3 悲(かな)しい時(とき)には、思(おも)いっきり泣(な)くに限(かぎ)るよ。
슬플 때는 마음껏 우는 것이 제일이야.

문형연습

01 Aと いえば B

A라고 하면 B / A로 말하자면 B

접속 [명사] + といえば(言(い)えば)

● A에 대해 보고 들었을 때 금방 B가 연상되는 경우 쓰는 표현입니다. 상대의 말을 받아 일단은 그렇게 볼 수 있다고 인정함을 나타냅니다.

▷ 夏(なつ)**といえば**花火大会(はなびたいかい)だ。さっそく見(み)に行(い)こう。

▷ 韓国(かんこく)の食(た)べもの**といえば**キムチだが、キムチがきらいな子供(こども)が増(ふ)えているという。

▷ 日本(にほん)の山(やま)**といえば**、富士山(ふじさん)ですね。

花火大会(はなびたいかい) 불꽃축제　　さっそく 당장, 즉시　　増(ふ)える 늘다

02 Aだけあって B

A인 만큼 B

접속 [동사의 보통형 · い형용사] + だけあって / [명사 · な형용사] + な + だけあって

● 'A이니까 역시 B다', 'A인 만큼 역시 B다'라는 표현으로, 어떤 상태에 상응한다는 뜻을 나타냅니다.

▷ さすが金(きん)メダルをとった**だけあって**、彼女(かのじょ)のスケートの演技(えんぎ)はすばらしい。

▷ あのレストランは有名(ゆうめい)な**だけあって**、一度(いちど)食(た)べたら忘(わす)れられない味(あじ)だ。

さすが 역시　　金(きん)メダル 금메달　　演技(えんぎ) 연기

03 Aに 限る

A가 제일이다

접속 [동사의 기본형 · 명사] + に限る / [な형용사] + なの + に限る
[い형용사] + の + に限る

- 'A하는 것이 제일 좋다'라는 자신의 주장을 나타내는 표현으로, 「~なら/~たら」가 앞에 자주 옵니다.

▷ 安くて質のいい服を買うなら、この店**に限ります**よ。

▷ 新しいテレビを買うなら、きれいな液晶**に限る**。

▷ 疲れた時は、温泉に行く**に限ります**ね。

質 질　液晶 액정　温泉 온천

체크 포인트

01 다음 예와 같이 빈칸에 알맞은 말을 넣어 보세요.

예

A 今度北海道に行くんだけど、お土産は何がいい？

B 北海道といえばおいしいかにだよね。

① A 久しぶりに韓国のラーメンが食べたいなぁ。

B 韓国のラーメンといえば＿＿＿＿＿＿＿＿。ぼくも食べたい！

② A 旅行で韓国に行ったら、カルビを食べたいんだけど、どこで食べたらいいかな。

B カルビといえば＿＿＿＿＿＿＿＿。

③ A もうすぐ秋ですね。

B 秋といえば＿＿＿＿＿＿＿＿。

02 다음 예와 같이 주어진 표현을 이용하여 빈칸에 알맞게 넣어 보세요.

예

A 先生、今日の練習終わりました。

B 昨日、いっぱい練習しただけあって、みんな調子がよかったですね。

(練習しました)

① A さあ、今日も朝まで飲むぞ。

B さすが、__________だけあって、元気ですね。(若いです)

② A 松坂選手の活躍はすごいですね。

B 何十億円もの契約金を__________だけあって、大リーグに行っても何も劣るところがありませんね。(もらいました)

③ A この小説、本当におもしろい。

B 田中先生が______________だけあって、内容が深いね。(勧めてくれた本です)

活躍 활약　契約金 계약금　劣る 뒤떨어지다　勧める 추천하다

체크 포인트

03 다음 예와 같이 빈칸에 알맞은 말을 넣어 보세요.

예

A あー、寒(さむ)い。寒(さむ)い日(ひ)は、温(あたた)かいなべを食(た)べるに限(かぎ)るね。

B そうだね。さっそく食(た)べに行(い)こうか。

① A 雨(あめ)が静(しず)かに降(ふ)っていて、ロマンティックな夜(よる)ですね。

B そうですね。こんな夜(よる)は、__________に限(かぎ)りますね。

② A 今日(きょう)は暑(あつ)くてたまらない。どこにも出(で)かけたくないなぁ。

B ほんと。こんな暑(あつ)い日(ひ)は、__________に限(かぎ)るね。

③ A わあ、今日(きょう)は快晴(かいせい)ですね。雲(くも)ひとつない青空(あおぞら)です。

B 気持(きも)ちがいい天気(てんき)ですね。こんな天気(てんき)の日(ひ)は、__________に限(かぎ)りますね。

快晴(かいせい)だ 쾌청하다　　青空(あおぞら) 푸른 하늘

문형 체크

01 주어진 말을 활용하여 빈칸에 알맞게 넣어 보세요.

① この薬(くすり)は＿＿＿＿＿＿だけあって、よく効(き)く。高(たか)い

② この町(まち)で＿＿＿＿＿＿だけあって、この店(みせ)のケーキはおいしい。有名(ゆうめい)だ

③ 彼(かれ)は日本(にほん)に5年間(ねんかん)＿＿＿＿＿＿だけあって、日本語(にほんご)が上手(じょうず)ですね。留学(りゅうがく)する

④ 悲(かな)しい時(とき)には、我慢(がまん)しないで思(おも)いっきり＿＿＿＿＿＿に限(かぎ)りますよ。泣(な)く

⑤ 刺身(さしみ)は＿＿＿＿＿＿に限(かぎ)ります。新鮮(しんせん)だ

⑥ ラーメンなら、＿＿＿＿＿＿に限(かぎ)る。この店(みせ)

⑦ 辞書(じしょ)を買(か)うなら用例(ようれい)が＿＿＿＿＿＿に限(かぎ)る。多(おお)い

効(き)く (약이) 듣다　我慢(がまん)する 참다　思(おも)いっきり 맘껏　用例(ようれい) 용례

02 예와 같이 빈칸에 알맞은 말을 넣어 보세요.

예 花見(はなみ)といえば、上野公園(うえのこうえん)の桜(さくら)が有名(ゆうめい)だ。

① アニメといえば、＿＿＿＿＿＿アニメが人気(にんき)だ。

② ビビンバといえば、＿＿＿＿＿＿ですね。

③ フランスといえば、＿＿＿＿＿＿でしょう。

④ 秋(あき)の果物(くだもの)といえば、＿＿＿＿＿＿だと思(おも)います。

花見(はなみ) 벚꽃구경

기무라와 김유나가 부산에 대해 이야기 나누고 있습니다.

회화

プサンといえば、新鮮な刺身ですよ

01

木村	キムさんの故郷って確かプサンでしたよね。
キム	ええ、そうですよ。
木村	今度の冬休みにプサンを旅行しようと思っているんです。
キム	それはいいですね。私が案内しましょうか。
木村	本当に？ やった！ ところで、プサンって何が有名ですか。
キム	プサンといえば、新鮮な刺身ですよ。港で有名なだけあって、魚が安くておいしいです。刺身はプサンに限る！って感じですよ。
木村	刺身ですか。それはぜひ食べないと。それから、プサンの見どころは？
キム	やっぱり海ですね。プサンは海を抜きにしては語れませんからね。
木村	あ～、わくわくしてきました！

단어

故郷 고향　確か 확실히　港 항구　感じ 느낌　ぜひ 꼭　見どころ 볼만한 곳　語る 말하다
わくわくする 두근두근하다

듣기 연습

01 ～って、確(たし)か… 〈불확실한 정보를 확인하기〉

02

다음은 佐藤(さとう)さん과 キムさん의 대화입니다. 질문에 답해 보세요.

1. キムさんの故郷(こきょう)はどこですか。(　　　　　　　　　　　)
2. キムさんの故郷(こきょう)まで何(なに)で行(い)けますか。
   (　　　　　　　　　　　　　　　)

02 ～といえば 〈유명한 것에 대해 말하기〉

03

다음은 山本(やまもと)さん과 パクさん의 대화입니다. 질문에 답해 보세요.

チェジュドは何(なに)が有名(ゆうめい)ですか。(　　　　　　　　　　　)

03 ～を抜きにしては語れない〈빠뜨릴 수 없는 중요한 것을 강조하기〉

04

木村さん과 加藤さん이 木村さん의 여름방학 계획에 대해 이야기 하고 있습니다. 맞지 않은 것을 고르세요.

① 木村さんは夏に北海道に行きます。
② 木村さんと加藤さんは一緒に旅行に行きます。
③ 加藤さんは木村さんにかにを勧めています。
④ 北海道は海産物が有名です。

04 三度の飯より～が好き〈특히 좋아하는 사항에 대해 말하기〉

05

다음은 田中さん과 鈴木さん의 대화입니다. 질문에 답해 보세요.

鈴木さんが特に好きなのは何ですか。

① 旅行に行くこと
② 温泉に入ること
③ ご飯を食べること
④ 買い物すること

단어 총정리

문형연습 06

- ❑ 花火大会(はなびたいかい) 불꽃축제
- ❑ さっそく 당장, 즉시
- ❑ 増(ふ)える 늘다
- ❑ さすが 역시
- ❑ 金(きん)メダル 금메달
- ❑ 演技(えんぎ) 연기
- ❑ 質(しつ) 질
- ❑ 液晶(えきしょう) 액정
- ❑ 温泉(おんせん) 온천

체크 포인트 07

- ❑ 活躍(かつやく) 활약
- ❑ 契約金(けいやくきん) 계약금
- ❑ 劣(おと)る 뒤떨어지다
- ❑ 勧(すす)める 추천하다
- ❑ 快晴(かいせい)だ 쾌청하다
- ❑ 青空(あおぞら) 푸른 하늘

문형 체크 08

- ❑ 効(き)く (약이) 듣다
- ❑ 我慢(がまん)する 참다
- ❑ 思(おも)いっきり 맘껏
- ❑ 用例(ようれい) 용례
- ❑ 花見(はなみ) 벚꽃구경

회화 본문 09

- ❑ 故郷(こきょう) 고향
- ❑ 確(たし)か 확실히
- ❑ 港(みなと) 항구
- ❑ 感(かん)じ 느낌
- ❑ ぜひ 꼭
- ❑ 見(み)どころ 볼만한 곳
- ❑ 語(かた)る 말하다
- ❑ わくわくする 두근두근하다

듣기 연습 10

- ❑ 海産物(かいさんぶつ) 해산물
- ❑ ～めぐり ～순방, ～순회

독해

- **韓国での18番** 한국에서의 18번

今度の冬休みにプサンに行ってみようと思う。キムさんが案内してくれるというから、とても楽しみだ。キムさんの故郷、プサンってどんなところなんだろう。ソウルとプサンは、東京と大阪みたいだって聞くけれど、本当だろうか。

プサンと聞くと、演歌「プサン港に帰れ」を思い出す。実は今のところ、韓国語で最後まで歌える曲は、この曲だけだ。ぼくの韓国での18番。プサンに行ったら、カラオケでこの歌をキムさんに歌って聞かせよう。

단어

- 演歌 엔카
- ～港 ～항, 항구
- 曲 곡
- 今のところ 지금으로서는
- 最後 마지막, 최후

第02課

昨日(きのう)雪(ゆき)が降(ふ)ったとか

위밍업

あなたは雪(ゆき)が好(す)きですか。初雪(はつゆき)が降(ふ)ったら何(なに)をしますか。

1. 昨日(きのう)に比(くら)べて今日(きょう)は気温(きおん)が少(すこ)し低(ひく)い気(き)がする。
어제에 비해서 오늘은 기온이 조금 낮은 느낌이 든다.

2. 最近(さいきん)すごくお忙(いそが)しいとか。お体(からだ)は大丈夫(だいじょうぶ)ですか。
최근에 굉장히 바쁘다던데. 몸은 괜찮으신가요?

3. 明(あ)け方(がた)から天気(てんき)が崩(くず)れるおそれがあるそうだ。
새벽부터 날씨가 나빠질 우려가 있다고 한다.

문형연습

01 Aに 比べて B

A에 비해 B / A에 비교하여 B

접속 [동사의 기본형] + の
[い형용사] + の
[な형용사] + なの
[명사]
+ に比(くら)べて

- A를 기준으로 B와의 차이를 확인하여 B를 서술하는 표현입니다.
  =「Aに 比(くら)べると B」=「Aより B」

▷ 昨日(きのう)**に比(くら)べて**今日(きょう)は気温(きおん)が少(すこ)し低(ひく)い気(き)がする。

▷ エアコンは電気代(でんきだい)が高(たか)いの**に比(くら)べて**扇風機(せんぷうき)は電気代(でんきだい)が安(やす)い。

▷ 去年(きょねん)**に比(くら)べて**今年(ことし)は景気(けいき)がいい。

気温(きおん) 기온　電気代(でんきだい) 전기세　扇風機(せんぷうき) 선풍기　景気(けいき) 경기

02

Aとか

A라던데

접속 [동사의 기본형] / [い형용사] / [な형용사] + だ / [명사] + だ } + とか

- 문장의 마지막에 붙여서 외부에서 얻은 A라는 정보를 '확실히 모르지만…'의 기분으로 상대에게 전할 때 사용합니다.

▷ 彼女(かのじょ)はフランス人(じん)だ**とか**。どこで知(し)り合(あ)ったんですか。

▷ レポートの締(し)め切(き)りがもうすぐで大変(たいへん)だ**とか**。

知(し)り合(あ)う 서로 알다　締(し)め切(き)り 마감

03

Aおそれが ある

A할 우려가 있다 / A할 염려가 있다

접속 [동사의 기본형] + おそれがある / [명사] + の + おそれがある

- 'A라는 나쁜 상황이 될 가능성이 있다', 'A할 위험성이 있다'라는 의미를 나타냅니다.

▷ 絶滅(ぜつめつ)の**おそれがある**動物(どうぶつ)を守(まも)らなければならない。

▷ 明(あ)け方(がた)から天気(てんき)が崩(くず)れる**おそれがある**そうです。

絶滅(ぜつめつ) 절멸, 멸종　守(まも)る 지키다　明(あ)け方(がた) 새벽　崩(くず)れる 흐려지다, 무너지다

체크 포인트

01 다음 예와 같이 빈칸에 알맞은 말을 넣어 보세요.

예

A 文法の本、どっちがいいと思う？

B うーん、この本に比べて、その本は例文が多いから、そっちのほうがいいかも。

① A ソウルとプサンを比べて、どうですか。

B そうですねー、ソウルに比べてプサンは＿＿＿＿＿＿＿＿＿＿。

② A どうして日本のドラマが好きなんですか。

B 韓国のドラマに比べて、＿＿＿＿＿＿＿＿＿＿からです。

③ A カンナムとトンデムンと、町の雰囲気が違いますか。

B そうですね。カンナムは＿＿＿＿＿＿＿＿＿＿が多いのに比べて、トンデムンは＿＿＿＿＿＿＿＿＿＿が多いですね。

02 다음 예와 같이 빈칸에 알맞은 말을 넣어 보세요.

예

A 九州地方(きゅうしゅうちほう)で地震(じしん)があったとか。心配(しんぱい)ですね。

B あまり被害(ひがい)がないといいですね。

① A 佐々木先生(ささきせんせい)が＿＿＿＿＿＿＿＿とか。よかったですね。

B ＿＿＿＿＿＿＿＿＿＿＿＿＿＿＿＿＿＿＿＿＿＿＿＿＿＿。

② A あの人(ひと)のお父(とう)さんは有名(ゆうめい)な＿＿＿＿＿＿＿＿とか。本当(ほんとう)ですか。

B ＿＿＿＿＿＿＿＿＿＿＿＿＿＿＿＿＿＿＿＿＿＿＿＿＿＿。

③ A 明日(あした)から天気(てんき)が＿＿＿＿＿＿＿＿とか。山登(やまのぼ)り、行(い)けるかな。

B ＿＿＿＿＿＿＿＿＿＿＿＿＿＿＿＿＿＿＿＿＿＿＿＿＿＿。

03 다음 예와 같이 아래에서 적당한 표현을 골라 빈칸에 알맞게 넣어 보세요.

ウイルスに感染(かんせん)しました	目標(もくひょう)が達成(たっせい)できません
爆発(ばくはつ)します	~~大(おお)きな台風(たいふう)がきます~~

예

A　この地方(ちほう)は大(おお)きな台風(たいふう)がくるおそれがあるので、厳重(げんじゅう)に注意(ちゅうい)してください。

B　はい、わかりました。

① A　なんか最近(さいきん)、変(へん)なメールが届(とど)いたんだけど。

B　ほんとに？＿＿＿＿＿＿＿＿おそれがあるね。

② A　この殺虫剤(さっちゅうざい)は、火(ひ)の近(ちか)くで使(つか)うと＿＿＿＿＿＿＿＿おそれがあると新聞(しんぶん)に出(で)ていたよ。

B　そうなんだ。気(き)をつけないとね。

③ A　どうして販売方法(はんばいほうほう)を変(か)えたんですか。

B　このままだと、＿＿＿＿＿＿＿＿おそれがありますから。

ウイルス 바이러스　感染(かんせん)する 감염되다　達成(たっせい)する 달성하다　爆発(ばくはつ)する 폭발하다　厳重(げんじゅう)に 엄중하게
届(とど)く 도착하다, 닿다　殺虫剤(さっちゅうざい) 살충제　販売(はんばい) 판매

문형 체크

01 예와 같은 용법으로 쓰인 것을 찾아 보세요.

예 最近、すごくお忙しい<u>とか</u>。お体は大丈夫ですか。

① 私はケーキ<u>とか</u>アイスクリームとか甘い物が大好きです。

② 明日、1年ぶりに帰国なさる<u>とか</u>。楽しみでしょう？

③ 韓国のお土産にはのり<u>とか</u>がいいと思います。

④ 週末は音楽を聞く<u>とか</u>、家でゆっくりしています。

帰国する 귀국하다　ゆっくりする 푹 쉬다

02 가장 어울리는 것끼리 연결해 보세요.

① 娘がよく勉強するのに比べて	• •	学校へ行かなくなるおそれがある。
② 去年に比べて	• •	今年は学生の雰囲気がいい。
③ 相手の顔を見ながら話すのに比べて	• •	息子は勉強ぎらいで困る。
④ 学校でいじめられている子供は	• •	電話で話すのは話しやすくていい。

相手 상대

기무라와 김유나가 첫눈에 대해 이야기하고 있습니다.

회화

昨日雪が降ったとか 11

木村　プサンはソウルに比べて暖かい感じがしますね。

キム　ソウルは昨日雪が降ったとか。

木村　よく知っていますね。ぼく、昨日韓国で初めて雪を見たんです。嬉しくて彼女と写真を撮りまくりましたよ。

キム　ははは。私の友達も写真を送ってきましたよ。きれいでしたね。

木村　でも、明日から大雪になるおそれがあるとか。本当かなあ。

キム　そうみたいですよ。木村さん、ちゃんと韓国の天気予報見てるんですね。

木村　もちろん、韓国語の勉強のために毎日見ていますよ。お天気お姉さんもかわいいし。

キム　あ～、ほんとはそれが目的じゃないですか。

木村　あれ、ばれちゃった？

단어

感じがする 기분이 든다　～まくる 계속 ~해대다　大雪 많은 눈　目的 목적　ばれる 들키다

듣기 연습

01 ～なきゃ 〈의무에 대해 말하기〉 12

다음은 佐藤(さとう)さんと キムさんの 대화입니다. 맞는 것에 ○, 틀린 것에 X를 하세요.

① 昨日(きのう)、雪(ゆき)が降(ふ)りました。 (　　)

② 佐藤(さとう)さんは彼女(かのじょ)に初雪(はつゆき)の日(ひ)に会(あ)おうと言(い)いました。 (　　)

③ 韓国(かんこく)では初雪(はつゆき)の日(ひ)は普通(ふつう)デートをします。 (　　)

02 ～まくる 〈굉장한 기세로 어떤 행동을 하다〉 13

다음을 듣고 질문에 답해 보세요.

高橋(たかはし)さんは何(なに)が好(す)きですか。

① ケーキを食(た)べること

② ビールを飲(の)むこと

③ 写真(しゃしん)を撮(と)ること

④ 山(やま)に行(い)くこと

03 ～ば…のに 〈후회하는 마음을 담아 말하기〉

14

다음은 木村さん과 加藤さん의 대화입니다. 빈칸에 들어갈 알맞은 말을 고르세요.

① 高くなったのに
② 売ったのに
③ 安くなったのに
④ 買ったのに

04 ～がる 〈제3자가 무언가를 하고 싶어하는 모습에 대해 말하기〉

15

다음을 듣고 木村さん은 어떤 기분이었을지 골라 보세요.

① 悔しい
② うらやましい
③ 嬉しい
④ 懐かしい

단어 총정리

문형연습 16

- ❏ 気温(きおん) 기온
- ❏ 電気代(でんきだい) 전기세
- ❏ 扇風機(せんぷうき) 선풍기
- ❏ 景気(けいき) 경기
- ❏ 知(し)り合(あ)う 서로 알다
- ❏ 締(し)め切(き)り 마감
- ❏ 絶滅(ぜつめつ) 절멸, 멸종
- ❏ 守(まも)る 지키다
- ❏ 明(あ)け方(がた) 새벽
- ❏ 崩(くず)れる 흐려지다, 무너지다

체크 포인트 17

- ❏ ウイルス 바이러스
- ❏ 感染(かんせん)する 감염되다
- ❏ 達成(たっせい)する 달성하다
- ❏ 爆発(ばくはつ)する 폭발하다
- ❏ 厳重(げんじゅう)に 엄중하게
- ❏ 届(とど)く 도착하다, 닿다
- ❏ 殺虫剤(さっちゅうざい) 살충제
- ❏ 販売(はんばい) 판매

문형 체크 18

- ❏ 帰国(きこく)する 귀국하다
- ❏ ゆっくりする 푹 쉬다
- ❏ 相手(あいて) 상대

회화 본문 19

- ❏ 感(かん)じがする 기분이 들다
- ❏ ~まくる 계속 ~해대다
- ❏ 大雪(おおゆき) 많은 눈
- ❏ 目的(もくてき) 목적
- ❏ ばれる 들키다

듣기 연습 20

- ❏ 初雪(はつゆき) 첫눈
- ❏ 普通(ふつう) 보통
- ❏ 売(う)る 팔다
- ❏ 悔(くや)しい 분하다
- ❏ うらやましい 부럽다
- ❏ 懐(なつ)かしい 그립다

독해

• 雪 눈

今日初雪が降った。クラスメートの中には南国から来て、生まれて初めて雪を見たという人がいて、子供のように喜んでいた。

日本は雪が降る国だから雪に関する言葉もいろいろある。「粉雪」「牡丹雪」「吹雪」などなど。雪の大きさ、降り方によって表現が変わってくる。

同じように雪が降る韓国にも、雪に関する言葉がいろいろあるんだろうか。

단어

- クラスメート 반 친구
- 南国 남국
- 関する 관련하다
- 粉雪 가루눈
- 牡丹雪 함박눈
- 吹雪 눈보라
- 降り方 내리는 방식
- 表現 표현
- 変わる 바뀌다

第03課

大(おお)きい地震(じしん)だったわりには、被害(ひがい)は少(すく)なかったみたい

위밍업

あなたが世(よ)の中(なか)で一番怖(いちばんこわ)いと思(おも)うものは何(なん)ですか。

1. 今月(こんげつ)から来月(らいげつ)にかけて休暇(きゅうか)をとろうと考(かんが)えている。
   이번 달 부터 다음 달에 걸쳐서 휴가를 내려고 생각하고 있다.

2. 晩(ばん)ご飯(はん)を食(た)べている最中(さいちゅう)にお腹(なか)が痛(いた)くなった。
   저녁밥을 먹고 있는 도중에 배가 아파졌다.

3. 新(あたら)しくできたレストラン、値段(ねだん)のわりにはおいしい。
   새로 생긴 레스토랑, 가격에 비해 맛있다.

문형연습

01 Aから Bに かけて

A에서 B에 걸쳐 / A부터 B까지 계속

접속 [명사 1] + から + [명사 2] + にかけて

- '장소나 시간을 나타내는 명사 A를 출발점으로 해서 B'라는 범위를 나타냅니다. A, B에는 시간과 장소가 오는 경우가 많습니다. 「Aから Bまで」와 유사하지만, 「Aから Bまで」가 더욱 명확한 경계를 나타낸다는 점에서 약간의 차이가 있습니다.

▷ ニュースによると、九州(きゅうしゅう)**から**関東(かんとう)**にかけて**大雨(おおあめ)のおそれがあるらしい。

▷ 今日(きょう)のお昼(ひる)**から**夕方(ゆうがた)**にかけて**なら、研究室(けんきゅうしつ)にいますよ。

▷ 夏(なつ)**から**秋(あき)**にかけて**の景色(けしき)が本当(ほんとう)にすばらしい。

夕方(ゆうがた) 저녁　研究室(けんきゅうしつ) 연구실

02 A最中に B

A하는 도중에 B / A가 한창일 때 B

접속 [동사의 て형] + いる + 最中(さいちゅう)に / [명사] + の + 最中(さいちゅう)に

- A가 가장 왕성하게 진행되고 있을 그 때에 돌연 B가 일어나는 경우에 쓰입니다.

▷ リスニングテストの**最中(さいちゅう)に**大(おお)きな騒音(そうおん)がして、テストが中止(ちゅうし)になった。

▷ 試験(しけん)の**最中(さいちゅう)に**トイレに行(い)きたくなった。

▷ 大事(だいじ)な会議(かいぎ)の**最中(さいちゅう)に**、急(きゅう)にお腹が痛くなってきた。

騒音(そうおん) 소음　中止(ちゅうし) 중지　急(きゅう)に 갑자기

03 Aわりに(は) B

A에 비해서는 B / A치고는 B

접속 [동사의 기본형]
[い형용사]
[な형용사] + な
[명사] + の
+ わりに(は)

'B는 A로부터 예상한 것과 맞지 않거나, 간단하게 연결되지 않는다'라는 의미를 나타냅니다. '의외이다', '이상하다'라는 기분을 나타내죠.

▷ 話題(わだい)になったあの映画(えいが)、評価(ひょうか)が高(たか)い**わりには**、あまりおもしろいとは思(おも)わなかった。

▷ この電子辞書(でんしじしょ)は、コンパクトな**わりには**内容(ないよう)がいい。

▷ 彼女(かのじょ)は年(とし)の**わりに**、老(ふ)けて見(み)える。

話題(わだい) 화제　評価(ひょうか) 평가　老(ふ)ける 늙다, 나이들다

체크 포인트

01 다음 예와 같이 「~から ~にかけて」의 사용법이 맞는 것에 ○, 틀린 것에 X를 하세요.

예
A 関西から関東にかけて、地震のゆれが感じられたそうですよ。(○)
B かなり広い範囲でしたね。

① A 先生、今日、授業はありますか。
B ありますよ。午後１時から３時にかけて授業です。(　　)

② A 昨晩から今朝にかけて、風が強かったですね。(　　)
B そうですね。そのせいで、よく眠れませんでした。

③ A 犯人の特徴は分かっているんですか。
B ええ。犯人は鼻から頬にかけて傷があるということです。
(　　)

ゆれ 흔들림　　かなり 꽤, 상당히　　範囲 범위　　眠る 잠들다　　特徴 특징　　頬 볼　　傷 상처

02 다음 예와 같이 주어진 단어를 이용하여 빈칸에 알맞게 넣어 보세요.

예

A　試合(しあい)、中止(ちゅうし)になっちゃったの？

B　うん。試合の最中(さいちゅう)に雨(あめ)が降(ふ)り出(だ)して。(試合)

① A　早(はや)く返事(へんじ)を送(おく)ってくださいよ。

B　すみません。もうしばらくお待(ま)ちください。今(いま)＿＿＿＿＿＿＿＿最中(さいちゅう)です。(考(かんが)える)

② A　彼(かれ)、仕事(しごと)をクビになったって本当(ほんとう)？

B　うん。＿＿＿＿＿＿＿＿最中(さいちゅう)に、ずっと携帯電話(けいたいでんわ)で遊(あそ)んでいたらしい。(会議(かいぎ))

③ A　どうしたの、その足(あし)！

B　骨折(こっせつ)しちゃった。＿＿＿＿＿＿＿＿最中(さいちゅう)に電話(でんわ)が鳴(な)って、急(いそ)いで階段(かいだん)を下(お)りたら、踏(ふ)み外(はず)しちゃって…。(掃除(そうじ)する)

試合(しあい) 시합　しばらく 잠깐, 잠시　クビになる 해고되다　骨折(こっせつ) 골절　電話(でんわ)が鳴(な)る 전화가 울리다
階段(かいだん)を下(お)りる 계단을 내려가다　踏(ふ)み外(はず)す 헛디디다

체크 포인트

03 다음 예와 같이 빈칸에 알맞은 말을 넣어 보세요.

예

A 先生、できました。

B おお、初めてのわりには<u>上手ですね</u>。手先が器用なんですね。

① A 彼、30歳のわりには＿＿＿＿＿＿＿＿＿＿よね。

B 結構、苦労しているんじゃない？

② A 鈴木さん、いま風邪で寝ているんだって。

B ほんと？ さっき電話で話したところだけど、風邪のわりには＿＿＿＿＿＿＿＿＿＿。

③ A あの店、店長がすぐ辞めてしまうらしいね。

B うん。あそこ、お給料が安いわりに＿＿＿＿＿＿＿＿＿＿。

手先が器用だ 손재주가 좋다　結構 꽤, 상당히　苦労する 고생하다　辞める (일을) 그만두다　給料 급료, 월급

문형 체크

01 주어진 말을 활용하여 빈칸에 알맞게 넣어 보세요.

① 新しくできたレストラン、＿＿＿＿＿＿＿＿わりにはおいしい。値段

② ＿＿＿＿＿＿＿＿最中に、大事な電話がかかってくることがよくある。会議

③ 勉強をあまり＿＿＿＿＿＿＿＿わりに、点数がよかった。する

④ 晩ご飯を＿＿＿＿＿＿＿＿最中に、お腹が痛くなった。食べる

値段 가격　　点数 점수

02 빈칸에 알맞은 단어를 넣어 문장을 완성해 보세요.

① ＿＿＿＿＿から＿＿＿＿＿にかけて、休暇をとろうと考えている。

② 今年の＿＿＿＿＿から＿＿＿＿＿にかけては、美しい星がたくさん見られるはずです。

③ ＿＿＿＿＿から＿＿＿＿＿にかけて、大雨が降るそうです。

休暇をとる 휴가를 내다　　大雨 큰비

기무라가 일본에 계신 어머니에게 전화를 걸어,
지진 피해가 없었는지 묻고 있습니다.

회화

大きい地震だったわりには、被害は少なかったみたい

21

木村　もしもし、お母さん！ ニュースで見たんだけど、震度５の地震があったんだって？ 大丈夫？

母親　うん。うちはなんとか大丈夫。でも、昨日から今朝にかけて２回も大きい地震があって、ほんとうに怖かったわよ。

木村　え、２回もあったの？

母親　そうなのよ。それも寝ている最中にきて…。

木村　それはひどいな。被害は？

母親　うちは、テレビが倒れたり、食器棚から食器が落ちて割れちゃったりしたけど…。大きい地震だったわりには、被害は少なかったみたい。

木村　それは不幸中の幸いだったね。

母親　うん。電話ありがとう。これからまだ片付けが残ってるから。

木村　わかった。まだ余震があるかもしれないから、気をつけて。

단어

震度 진도　地震 지진　なんとか 어떻게든, 그럭저럭　被害 피해　倒れる 쓰러지다　食器棚 그릇장
割れる 깨지다　不幸中の幸い 불행 중 다행　片付け 정리　残る 남다　余震 여진

듣기 연습

01 ～たり ～たりする〈예시하기〉

22

다음은 パクさんと 木村(きむら)さん의 대화입니다. 맞는 것에 ○, 틀린 것에 X를 하세요.

① 木村(きむら)さんの家(いえ)で火事(かじ)がありました。 (　　)

② けむりが来(き)たり、庭(にわ)の木(き)が焼(や)けたりしました。 (　　)

③ けが人(にん)がたくさんいました。 (　　)

02 ～かと思(おも)った〈생각을 떠올리면서 그 때의 상황에 대해서 말하기〉

23

다음은 キムさんと 相澤(あいざわ)さん의 대화입니다. 질문에 맞는 것을 골라 보세요.

相澤(あいざわ)さんに何(なに)がありましたか。

① キムさんのお見舞(みま)いに行(い)きました。

② 地震(じしん)がありました。

③ 家(いえ)が壊(こわ)れました。

④ 火事(かじ)がありました。

03 ～ようにも…ない〈마음은 있어도 곤란한 이유가 있어서 할 수 없을 때〉 24

다음은 佐々木(ささき)さん과 松本(まつもと)さん의 대화입니다. 질문에 맞는 것을 골라 보세요.

どうして松本(まつもと)さんは逃(に)げませんでしたか。

① 右手(みぎて)にけがをしたから
② 携帯(けいたい)を忘(わす)れたから
③ 腰(こし)が抜(ぬ)けたから
④ かぎを見(み)つけられなかったから

04 不幸中(ふこうちゅう)の幸(さいわ)い〈피해에 대해 이야기하기〉 25

다음을 듣고 빈칸에 알맞은 말을 써 넣으세요.

伊藤(いとう)：____________________って本当(ほんとう)ですか。
イ　：あ…はい。でも____________________済(す)みました。
伊藤(いとう)：そうですか…、それは不幸中(ふこうちゅう)の幸(さいわ)いでしたね。

단어 총정리

문형연습 26

- ❑ 夕方(ゆうがた) 저녁
- ❑ 研究室(けんきゅうしつ) 연구실
- ❑ 騒音(そうおん) 소음
- ❑ 中止(ちゅうし) 중지
- ❑ 急(きゅう)に 갑자기
- ❑ 話題(わだい) 화제
- ❑ 評価(ひょうか) 평가
- ❑ 老(ふ)ける 늙다, 나이들다

체크 포인트 27

- ❑ ゆれ 흔들림
- ❑ かなり 꽤, 상당히
- ❑ 範囲(はんい) 범위
- ❑ 眠(ねむ)る 잠들다
- ❑ 特徴(とくちょう) 특징
- ❑ 頬(ほお) 볼
- ❑ 傷(きず) 상처
- ❑ 試合(しあい) 시합
- ❑ しばらく 잠깐, 잠시
- ❑ クビになる 해고되다
- ❑ 骨折(こっせつ) 골절
- ❑ 電話(でんわ)が鳴(な)る 전화가 울리다
- ❑ 階段(かいだん)を下(お)りる 계단을 내려가다
- ❑ 踏(ふ)み外(はず)す 헛디디다
- ❑ 手先(てさき)が器用(きよう)だ 손재주가 좋다
- ❑ 結構(けっこう) 꽤, 상당히
- ❑ 苦労(くろう)する 고생하다
- ❑ 辞(や)める (일을) 그만두다
- ❑ 給料(きゅうりょう) 급료, 월급

문형 체크 28

- ❑ 値段(ねだん) 가격
- ❑ 点数(てんすう) 점수
- ❑ 休暇(きゅうか)をとる 휴가를 내다
- ❑ 大雨(おおあめ) 큰비

회화 본문 29

- ❑ 震度(しんど) 진도
- ❑ 地震(じしん) 지진
- ❑ なんとか 어떻게든, 그럭저럭
- ❑ 被害(ひがい) 피해
- ❑ 倒(たお)れる 쓰러지다
- ❑ 食器棚(しょっきだな) 그릇장
- ❑ 割(わ)れる 깨지다
- ❑ 不幸中(ふこうちゅう)の幸(さいわ)い 불행 중 다행
- ❑ 片付(かたづ)け 정리
- ❑ 残(のこ)る 남다
- ❑ 余震(よしん) 여진

듣기 연습 30

- ❑ 火事(かじ) 화재
- ❑ けむり 연기
- ❑ 庭(にわ) 정원
- ❑ 焼(や)ける 타다
- ❑ 瞬間(しゅんかん) 순간
- ❑ 無事(ぶじ)だ 무사하다
- ❑ 安全(あんぜん)だ 안전하다
- ❑ 逃(に)げる 도망치다
- ❑ 腰(こし)が抜(ぬ)ける 허리를 삐다

독해

- 怖いものの代表 무서운 것의 대표

恐ろしかった。今日の地震は今まで体験したものの中で一番強い地震だった。お気に入りの食器は食器棚から落ちて、全て割れてしまった。でも、そんなことは小さな被害にすぎない。近所の古い家では家が一部壊れて、避難所生活を余儀なくされた人もいる。本当にお気の毒だ。

怖いものの代表として「地震、雷、火事、おやじ」と言われることがあるけれど、「地震」が一番怖いと思う。

단어

- 恐ろしい 무섭다, 두렵다
- 体験する 체험하다
- お気に入り 마음에 드는 것
- 落ちる 떨어지다
- 全て 모두, 전부
- ～にすぎない ~에 지나지 않다
- 近所 근처, 이웃
- 避難所 피난처
- 余儀ない 어쩔 수 없다
- 気の毒 불쌍함, 딱함
- 怖い 무섭다
- 代表 대표
- 雷 천둥
- 火事 화재
- おやじ 아버지

第04課

地震は昼夜を問わずやってくるから

위밍업

日本は地震が多い国です。もしあなたが日本で生活するとしたら、どのような対策をしておきますか。

1 寝るか寝ないかのうちに目的地に着いてしまった。

잠들기 바로 직전에 목적지에 도착해 버렸다.

2 私の趣味は読書でジャンルを問わず何でも読む。

나의 취미는 독서로, 장르를 불문하고 무엇이든지 읽는다.

3 聞かれても全然わからないので、何も答えようがない。

질문을 받아도 전혀 모르기 때문에 아무것도 대답할 방법이 없다.

문형연습

01

Aか Aないかのうちに B　　A할지 A하지 않을지 하는 사이에 B / A하자마자 B

접속 [동사의 보통형] + か + [동사의 ない형] + かのうちに

- A의 행위가 일어나기 바로 직전에, 혹은 A가 끝나기 전에 또 다른 주체 B가 일어남을 나타냅니다.

▷ 口をつける**かつけないかのうちに**、次の料理が運ばれてきた。

▷ 店頭にすべてのケーキが並ぶ**か**並ば**ないかのうちに**、全部売り切れてしまった。

▷ ベルが鳴る**か**鳴ら**ないかのうちに**教室に入った。

運ぶ 옮기다　店頭 가게 앞　すべての 모든　並ぶ 늘어서다　売り切れる 다 팔리다　ベルが鳴る 벨이 울리다

02

Aを 問わず B　　A를 불문하고 B / A에 관계없이 B

접속 [명사] + を問わず

- 'A에 대해서 어떠한 경우라도 B가 된다', 'A에 대해서 문제 삼지 않는다'라는 의미를 나타냅니다.
  =「～に 関係なく」

▷ 私の会社は、大卒以上ならば年齢**を問わず**応募できることになっている。

▷ インターネットの普及により、場所や時間**を問わず**情報が得られるようになった。

▷ 花火大会は老若男女**を問わず**、楽しめる。

年齢 연령　普及 보급　情報を得る 정보를 얻다　老若男女 남녀노소

03 Aようが ない

A할 방법이 없다 / A할 수가 없다

접속 [동사의 ます형] + ようがない

'A를 하고 싶어도 어떻게 A를 하면 좋을지 모르겠다', 'A가 되고 싶어도 불가능하다', 'A하고 싶어도 할 수 없다'는 의미를 나타냅니다.

▷ どうしてあの人(ひと)が好(す)きなのかと聞(き)かれても「なんとなく」としか言(い)い**ようがない**。

▷ 彼女(かのじょ)が書(か)いた作品(さくひん)はすばらしくて文句(もんく)をつけ**ようがない**。

なんとなく 어쩐지, 왠지　　文句(もんく)をつける 트집을 잡다

체크 포인트

01 다음 예와 같이 주어진 단어를 이용하여 빈칸에 알맞게 넣어 보세요.

예

A　あれ、太郎はどこに行った？

B　家に<u>入るか入らないか</u>のうちに、外に遊びに行っちゃったよ。(入る)

① A　彼にあの話、ちゃんと言えた？

B　ううん。あの話題に＿＿＿＿＿＿＿＿＿＿のうちに「その話はやめよう」って言われてしまって。(移る)

② A　先生にカンニングが見つかったって本当？

B　うん…昨日作ったカンニングペーパー、＿＿＿＿＿＿＿＿＿＿のうちに取り上げられちゃった。これでもう、0点は確実だ…。(見る)

③ A　タクシー、すぐ捕まってよかったですね。

B　ええ。手を＿＿＿＿＿＿＿＿＿＿のうちに止まってくれました。(挙げる)

移る 바뀌다, 옮기다　取り上げる 집어들다　確実だ 확실하다　捕まる 잡히다　止まる 멈추다　挙げる (손을) 들다

02 다음 예와 같이 【　】 안의 표현과 같은 의미가 되도록 빈칸에 알맞게 넣어 보세요.

예

A　この奨学金は誰でも申し込めるんですか。

B　はい。国籍を問わず、申し込むことができますよ。【どの国の人でも】

① A　最近、夫と一緒にテニススクールに通い始めました。

B　いいですね。テニスは＿＿＿＿＿＿を問わず、楽しめるスポーツですよね。【男の人でも女の人でも】

② A　パソコンの修理をお願いしたいんですが、韓国のメーカーのものでも大丈夫ですか。

B　はい。＿＿＿＿＿＿を問わず、受付いたします。【どこのメーカーでも】

③ A　この仕事は未経験者でもいいって本当ですか。

B　はい。経験の＿＿＿＿＿＿を問わず、社員になれます。【経験があってもなくても】

奨学金 장학금　申し込む 신청하다　国籍 국적　通い始める 다니기 시작하다　修理 수리　受付 접수
未経験者 미경험자

체크 포인트

03 다음 예와 같이 괄호 안의 단어를 이용하여 빈칸에 알맞게 넣어 보세요.

예

A 彼(かれ)のこと、どんな言葉(ことば)で慰(なぐさ)めたらいいか、悩(なや)んでいるんです。

B あんなに励(はげ)ましても落(お)ち込(こ)んでいるんじゃ、慰(なぐさ)めようがないですね。

(慰(なぐさ)める)

① A おい！何(なに)やってるんだよ。約束(やくそく)は1時(じ)だろ。早(はや)く来(こ)いよ。

B 事故(じこ)で電車(でんしゃ)が止(と)まっているのに、来(こ)いと言(い)われても ______________ よ。(行(い)く)

② A 先生(せんせい)、お願(ねが)いです。パクさんの推薦書(すいせんしょ)を書(か)いていただけませんか。

B そうは言(い)っても、一度(いちど)も授業(じゅぎょう)に出(で)たことのない人(ひと)の推薦書(すいせんしょ)なんて ______________ でしょう。(書(か)く)

③ A それで、彼(かれ)って誰(だれ)に似(に)ているの？

B 誰(だれ)って言(い)われても…。誰(だれ)にも ______________ んだけど…。(たとえる)

慰(なぐさ)める 위로하다　悩(なや)む 고민하다　励(はげ)ます 격려하다　落(お)ち込(こ)む 실의에 빠지다　推薦書(すいせんしょ) 추천서

문형 체크

01 주어진 말을 활용하여 빈칸에 알맞게 넣어 보세요.

① 先生の話が__________か__________かのうちに、学生たちは外へ出ていった。終わる

② __________か__________かのうちに、目的地に着いてしまった。寝る

③ そんな難しいことを聞かれても、全然分からないので何も__________ようがない。答える

④ あんなにひどく壊れていては、__________ようがない。直す

⑤ 自信を持っているなら、面接で__________ようがない。失敗する

目的地 목적지　直す 고치다　面接 면접　失敗する 실패하다

02 알맞은 것을 골라 빈칸에 넣어 보세요.

男女　　土日　　ジャンル

① 私の趣味は本を読むことで、__________を問わず、何でも読みます。

② このゲームは__________を問わず、参加することができます。

③ ここは__________を問わず、10時から9時まで営業をしています。

参加する 참가하다　営業 영업

김유나가 기무라에게 지진 피해를 입은 가족들은 괜찮은지 묻고 있습니다.

회화

地震は昼夜を問わずやってくるから 31

キム 木村さん！ ニュースを見たんですけど、地震の被害、お宅は大丈夫だったんですか。

木村 はい、うちは幸いにも食器が割れただけだったみたいで、安心しました。

キム それは不幸中の幸いというか…。だけど、心配だったでしょう。

木村 ええ、夜中と朝、２回も地震が来るなんて…。片付けが終わるか終わらないかのうちに、２回目の地震があったそうです。

キム ええ！ それはほんとにお気の毒でしたね…。地震は昼夜を問わずやってくるから。

木村 本当にそうです。地震は防ぎようがないから、普段から対策をしておくしかないですね。

キム ええ、地震ってほんとに怖いですね。

단어

お宅(たく) 댁　幸(さいわ)いに 다행히　夜中(よなか) 한밤중　昼夜(ちゅうや) 밤낮　防(ふせ)ぐ 방지하다, 막다　普段(ふだん) 평소　対策(たいさく) 대책

듣기 연습

01 気の毒(きのどく) 〈유감의 뜻을 표하기〉

32

다음은 キムさん과 田中(たなか)さん의 대화입니다. 내용과 맞는 것을 고르세요.

① 田中(たなか)さんが事故(じこ)に遭(あ)った。
② キムさんが事故(じこ)に遭(あ)った。
③ 田中(たなか)さんの彼氏(かれし)が事故(じこ)に遭(あ)った。
④ キムさんの彼氏(かれし)が事故(じこ)に遭(あ)った。

02 ～っていうでしょ 〈속담을 인용하기〉

33

다음을 듣고 빈칸에 들어갈 알맞은 속담을 고르세요.

① かわいい子(こ)には旅(たび)をさせよ
② 急(いそ)がば回(まわ)れ
③ 親孝行(おやこうこう)したいときには親(おや)はなし
④ 備(そな)えあれば憂(うれ)いなし

03 ～とか、～とか〈예시하기〉

34

다음을 듣고 빈칸에 알맞은 말을 써 넣으세요.

キム：相澤さんは、試験対策、しているんですか。

相澤：＿＿＿＿＿＿＿＿＿とか、＿＿＿＿＿＿＿＿＿とか、それぐらいはしていますよ。

キム：「備えあれば憂いなし」ですからね。

04 ～って言われている〈뉴스 등에서 얻은 정보에 대해서 말하기〉

35

다음은 パクさん과 佐藤さん의 대화입니다. 질문에 답해 보세요.

これから日本の人口はどうなりますか。

① 100年後にはお年寄りが約40%になる。

② 50年後にはお年寄りが約40%になる。

③ 100年後には若者が約40%になる。

④ 50年後にはお若者が約40%になる。

단어 총정리

문형연습 36

- ☐ 運(はこ)ぶ 옮기다
- ☐ 店頭(てんとう) 가게 앞
- ☐ すべての 모든
- ☐ 並(なら)ぶ 늘어서다
- ☐ 売(う)り切(き)れる 다 팔리다
- ☐ ベルが鳴(な)る 벨이 울리다
- ☐ 年齢(ねんれい) 연령
- ☐ 普及(ふきゅう) 보급
- ☐ 情報(じょうほう)を得(え)る 정보를 얻다
- ☐ 老若男女(ろうにゃくなんにょ) 남녀노소
- ☐ なんとなく 어쩐지, 왠지
- ☐ 文句(もんく)をつける 트집을 잡다

체크 포인트 37

- ☐ 移(うつ)る 바뀌다, 옮기다
- ☐ 取(と)り上(あ)げる 집어들다
- ☐ 確実(かくじつ)だ 확실하다
- ☐ 捕(つか)まる 잡히다
- ☐ 止(と)まる 멈추다
- ☐ 挙(あ)げる (손을) 들다
- ☐ 奨学金(しょうがくきん) 장학금
- ☐ 申(もう)し込(こ)む 신청하다
- ☐ 国籍(こくせき) 국적
- ☐ 通(かよ)い始(はじ)める 다니기 시작하다
- ☐ 修理(しゅうり) 수리
- ☐ 受付(うけつけ) 접수
- ☐ 未経験者(みけいけんしゃ) 미경험자
- ☐ 慰(なぐさ)める 위로하다
- ☐ 悩(なや)む 고민하다
- ☐ 励(はげ)ます 격려하다
- ☐ 落(お)ち込(こ)む 실의에 빠지다
- ☐ 推薦書(すいせんしょ) 추천서

문형 체크 38

- ☐ 目的地(もくてきち) 목적지
- ☐ 直(なお)す 고치다
- ☐ 面接(めんせつ) 면접
- ☐ 失敗(しっぱい)する 실패하다
- ☐ 参加(さんか)する 참가하다
- ☐ 営業(えいぎょう) 영업

회화 본문 39

- ☐ お宅(たく) 댁
- ☐ 幸(さいわ)いに 다행히
- ☐ 夜中(よなか) 한밤중
- ☐ 昼夜(ちゅうや) 밤낮
- ☐ 防(ふせ)ぐ 방지하다, 막다
- ☐ 普段(ふだん) 평소
- ☐ 対策(たいさく) 대책

듣기 연습 40

- ☐ 信号(しんごう) 신호
- ☐ 許(ゆる)す 허가하다
- ☐ 解(と)く (문제를) 풀다
- ☐ 模擬試験(もぎしけん) 모의시험
- ☐ 人口(じんこう) 인구
- ☐ お年寄(としよ)り 노인
- ☐ 少子化(しょうしか) 저출산화
- ☐ 若者(わかもの) 젊은이

독해

• 地震の国 지진의 나라

実家で大きな地震があったというニュースを聞いて、慌てて電話をした。電話に出た母が泣きそうだった。今外国にいて何もしてあげられないのが辛い。

韓国は体に感じる地震がほとんどない。高層マンションがたくさん建っているのも、地震の心配がないからなんだろう。

もし韓国で震度６や７の地震があったら、どういうことになるのか。想像しただけでも恐ろしい。

단어

- 実家 본가, 생가
- 慌てる 당황하다, 서두르다
- 電話に出る 전화를 받다
- 辛い 괴롭다
- ほとんど 거의
- 高層 고층
- 建つ (건물이) 서다
- 震度 진도
- 想像 상상
- 恐ろしい 두렵다, 무섭다

第05課

店(みせ)の前(まえ)を通(とお)るたびに思(おも)い出(だ)すんですよ

워밍업

もし、過去(かこ)に戻(もど)れるならば、いつに戻(もど)りたいですか。それはどうしてですか。

1. 彼女(かのじょ)は会(あ)うたびにどんどん派手(はで)になっていく。
   그녀는 만날 때마다 점점 화려해 진다.

2. こんなにきれいな青空(あおぞら)なんだから、雨(あめ)は降(ふ)るまい。
   이렇게 하늘이 맑고 푸르기 때문에 비는 절대 오지 않을 것이다.

문형연습

01 Aたびに B
A할 때마다 B / A할 때는 언제나 B

접속 [동사의 기본형] + たびに / [명사] + の + たびに

- 'A의 사태가 일어날 때 항상 B를 한다(B가 된다)'라는 의미를 나타냅니다.
  ※ 형용사에는「い · な형용사 + なる + たびに」의 형태로 접속합니다.

▷ 彼(かれ)は会議(かいぎ)の**たびに**遅(おく)れる。

▷ 仕事(しごと)が忙(いそが)しいからといって、話(はな)しかける**たびに**迷惑(めいわく)そうな顔(かお)をする。

▷ 頭(あたま)が痛(いた)くなる**たびに**薬(くすり)を飲(の)むのは体(からだ)によくない。

▷ 私(わたし)は暇(ひま)になる**たびに**公園(こうえん)へ出(で)かける。

話(はな)しかける 말을 걸다　迷惑(めいわく)だ 귀찮다, 성가시다　出(で)かける 나가다, 외출하다

02

Aまい

A하지 않겠다 / A하지 않을 작정이다

접속 [동사의 기본형] + まい

- 첫째, 'A하지 않을 것이다'라는 의미로 부정의 사실을 추측하거나 상상하여 단정하는 경우에 사용합니다. (예문①, ②)
  둘째, '절대 A는 아닐 것이다', '절대 A하지 않겠다'는 의미로, 화자 자신의 강한 부정 의지를 나타냅니다. (예문③, ④)
  ※「～まい」는 문장체 표현으로, 회화체에서 부정의 추량은 주로「～ないだろう」를 사용하며, 부정의 의지는 주로「～ないつもりだ」를 사용합니다.

▷ こんなにきれいな青空(あおぞら)なんだから、雨(あめ)は降(ふ)る**まい**。(①)

▷ 昨日(きのう)あんなに注意(ちゅうい)しておいたんだから、彼(かれ)も今日(きょう)は遅刻(ちこく)する**まい**。(②)

▷ 絶対(ぜったい)に会(あ)う**まい**と思(おも)っていた人(ひと)に道(みち)でばったり会(あ)ってしまった。(③)

▷ こんなに安(やす)くておいしいフランス料理(りょうり)があるなら、もう他(ほか)のお店(みせ)には行(い)く**まい**。(④)

青空(あおぞら) 푸른 하늘　絶対(ぜったい)に 절대로　ばったり 딱

체크 포인트

01 다음 예와 같이「たびに」의 사용법이 맞는 것에는 ○, 틀린 것에는 X를 하세요.

예

A　おじいちゃん、元気だった？

B　うん。ぼくが行くたびに、嬉しそうな顔をしているよ。(○)

① A　どうですか。その料理、お口に合いますか。

B　ええ、この料理、食べるたびにおいしいですね。(　　)

② A　あれ、スイカ(Suica)を使うことにしたの？

B　電車に乗るたびに切符を買うのは面倒だからね。(　　)

③ A　一時帰国したそうですね。友達に会いましたか。

B　いえ、国に帰るたびに友達に会いませんよ。(　　)

切符(きっぷ) 표　　面倒(めんどう)だ 귀찮다　　一時帰国(いちじきこく) 일시귀국

02 다음 예와 같이 빈칸에 알맞은 표현을 넣어 보세요.

예

A　え、またあの人に会ったの？

B　うん…。もう<u>会うまい</u>と思っても、誘われるとまた会ってしまうの。

① A　また二日酔い？

B　ああ…、今日のはひどいね…。もう＿＿＿＿＿＿…。

② A　結局、彼女のこと許したんだね。

B　そうなんだ…。何があっても絶対＿＿＿＿＿＿って思ってたんだけど…。

③ A　もう二度と人の悪口は＿＿＿＿＿＿って心に決めたよ。

B　そう、そのほうがいいよ。

誘われる 권유를 받다　二日酔い 숙취　許す 용서하다　悪口 욕, 험담　心に決める 결정하다

문형 체크

01 다음 두 문장을 연결하여 완성해 보세요.

① 部長(ぶちょう)は旅行(りょこう)する　/　キーホルダーを買(か)ってくる。

→ ____________________ たびに、____________________。

② 彼女(かのじょ)は会(あ)う　/　どんどん派手(はで)になっていく。

→ ____________________ たびに、____________________。

③ この子(こ)は、恋(こい)をする　/　きれいになる。

→ ____________________ たびに、____________________。

④ 彼(かれ)は給料(きゅうりょう)をもらう　/　8万円貯金(まんえんちょきん)をしてマンションを買(か)う準備(じゅんび)をしている。

→ ____________________ たびに、____________________。

キーホルダー 키홀더　派手(はで)だ 화려하다　恋(こい)をする 연애를 하다　貯金(ちょきん) 저금

02 다음 문장을 「~まい」를 사용하여 같은 의미의 문장을 바꿔 보세요.

① もう二度(にど)とうそをつかないつもりだ。

→ ____まい。

② お酒(さけ)はもう二度(にど)と飲(の)まないつもりだ。

→ ____まい。

③ 2時間(じかん)も待(ま)ったのに彼(かれ)は来(こ)なかった。もう彼(かれ)には会(あ)わないつもりだ。

→ ____まい。

MEMO

김유나가 기무라에게 옛날 남자친구에 대해 이야기하고 있습니다.

회화

店の前を通るたびに思い出すんですよ

41

木村 今日は釣りの名所につれてきてくれて、ありがとうございました。久しぶりに釣りができて、すごく楽しかったです。

キム そうですか。それはよかった。ここまで来た甲斐がありました。

木村 ちょっとご飯でも食べて行きませんか? あの店、ちょっと雰囲気もよさそうだし。

キム あ、あのお店はちょっと…。他のところにしませんか。

木村 え? どうかしましたか?

キム んー、木村さんには黙ってたけど、去年付き合ってた人があそこで働いてるんです。店の前を通るたびに思い出すんですよ。この辺は思い出がいっぱいあるから、もう二度と来るまいって思ってたんですけどね。

木村 そうだったんですか…。じゃ、他の所にしましょう。

キム ごめんなさい。

단어

釣り 낚시　名所 명소　甲斐がある 보람이 있다　黙る 입을 다물다　付き合う 사귀다　通る 지나가다
思い出す 생각나다, 떠오르다　思い出 추억

듣기 연습

01 ～甲斐がある 〈감사에 보답하기〉 42

다음은 高橋さん과 吉田さん의 대화입니다. 빈칸에 들어갈 알맞은 표현을 고르세요.

① 残念ですね。

② それはよかったです。

③ すみません。

④ いいですよ。

02 ～はちょっと… 〈부드럽게 거절하기〉 43

다음은 佐藤さん과 キムさん의 대화입니다. 다음 질문에 답해 보세요.

この後、どうなりますか。

① 二人で新しくできた店に飲みに行く

② 二人で他のところに飲みに行く

③ 飲みに行かない

④ キムさんだけ飲みに行く

03 ～の一つや二つ(一人や二人) 〈수가 적지 않음을 말하기〉

44

다음은 加藤さん과 田中さん의 대화입니다. 맞는 것을 고르세요.

① 田中さんは加藤さんの恋人だ。
② 田中さんに昔恋人がいた。
③ 田中さんに恋人ができた。
④ 田中さんと加藤さんは昔付き合った。

04 ～わけじゃないから 〈그 이유가 아닌 것을 강조하며, 의지를 서술하기〉

45

다음은 イさん과 鈴木さん의 대화입니다. 맞는 것에 ○, 틀린 것에 X를 하세요.

① 鈴木さんは彼と別れた。 (　　)
② 鈴木さんは彼のことが嫌いで別れた。 (　　)
③ 鈴木さんと彼は別れたが、いい友達でいるつもりだ。 (　　)

단어 총정리

문형연습 46

- ☐ 話(はな)しかける 말을 걸다
- ☐ 迷惑(めいわく)だ 귀찮다, 성가시다
- ☐ 出(で)かける 나가다, 외출하다
- ☐ 青空(あおぞら) 푸른 하늘
- ☐ 絶対(ぜったい)に 절대로
- ☐ ばったり 딱

체크 포인트 47

- ☐ 切符(きっぷ) 표
- ☐ 面倒(めんどう)だ 귀찮다
- ☐ 一時帰国(いちじきこく) 일시귀국
- ☐ 誘(さそ)われる 권유를 받다
- ☐ 二日酔(ふつかよ)い 숙취
- ☐ 許(ゆる)す 용서하다
- ☐ 悪口(わるくち) 욕, 험담
- ☐ 心(こころ)に決(き)める 결정하다

문형 체크 48

- ☐ キーホルダー 키홀더
- ☐ 派手(はで)だ 화려하다
- ☐ 恋(こい)をする 연애를 하다
- ☐ 貯金(ちょきん) 저금

회화 본문 49

- ☐ 釣(つ)り 낚시
- ☐ 名所(めいしょ) 명소
- ☐ 甲斐(かい)がある 보람이 있다
- ☐ 黙(だま)る 입을 다물다
- ☐ 付(つ)き合(あ)う 사귀다
- ☐ 通(とお)る 지나가다
- ☐ 思(おも)い出(だ)す 생각나다, 떠오르다
- ☐ 思(おも)い出(で) 추억

듣기 연습 50

- ☐ 連(つ)れてくる 데리고 오다
- ☐ びっくりする 깜짝 놀라다

독해

• 私の秘密 나의 비밀

木村さんに別れた彼のことを話してしまった。思い出の海岸に来て、つい感傷的な気分になったみたい。話した後、ちょっと暗いムードになってしまって後悔している。木村さん忘れてくれるといいな。

誰にだって恋の思い出の一つや二つはあるもの。いつまでも後ろを向いて歩いていくわけにはいかない。でも、別れた彼のことがまだ忘れられない。私、どうしたらいいんだろう。

단어

- 海岸 해안
- 感傷的 감상적
- 後悔する 후회하다
- 忘れる 잊다
- 向く 향하다

第06課

あの日(ひ)に戻(もど)れるものなら、戻(もど)りたい

위밍업

今(いま)までの人生(じんせい)で「もう一度(いちど)会(あ)いたい」と思(おも)う人(ひと)がいますか。それはどんな人(ひと)ですか。

1. 昔(むかし)に戻(もど)れるものなら、学生時代(がくせいじだい)に戻(もど)りたい。
   예전으로 돌아갈 수 있다면 학생 때로 돌아가고 싶다.

2. 長時間(ちょうじかん)悩(なや)んだ末(すえ)、テレビも見(み)られる携帯電話(けいたいでんわ)を買(か)うことにした。
   긴 시간 고심한 끝에 텔레비전도 볼 수 있는 휴대전화를 사기로 했다.

3. 噂(うわさ)になるのが嫌(いや)なら、誰(だれ)にも話(はな)さないことだ。
   소문나는 것이 싫다면 아무에게도 얘기하지 않아야 하는 것이다.

문형연습

01 Aものなら B

A할 수 있다면 B / A한 것이라면 B

접속 [동사의 가능형] + **ものなら**

- ‘A가 가능하다면 B다’라는 의미로 A에는 보통 실현 불가능한 상황이 옵니다. 즉, 실현 불가능한 것을 알면서도 그래도 뭔가를 바라는 희망과 기대가 내포된 가정 표현입니다.

▷ 車(くるま)を買(か)えって、買(か)える**ものなら**私(わたし)も買(か)いたい。

▷ できる**ものなら**、してみなさいよ。

02 A末(に) B

A한 끝에 B / A한 결과 B

접속 [동사의 た형] + **末(すえ)(に)** / [명사] + **の** + **末(すえ)(に)**

- 오랜 시간을 들인 A는 최종적으로 B라는 상태가 됐다, 결정됐다는 의미를 나타냅니다.

▷ 話(はな)し合(あ)いの**末(すえ)**、これからは二人(ふたり)別々(べつべつ)に生(い)きていこうということになった。

▷ 両親(りょうしん)と相談(そうだん)の**末(すえ)**、大学(だいがく)を卒業(そつぎょう)したら、家(いえ)の仕事(しごと)を手伝(てつだ)うことになりました。

話(はな)し合(あ)い 서로 이야기함　別々(べつべつ)に 각각, 따로따로

03

Aことだ

A하는 것이다 / A해야 하는 것이다 / A하는 것이 중요하다

접속 [동사의 기본형 · ない형] + ことだ

- A하는 것에 대해 상대에게 자신의 주관적인 생각을 전하거나, 또는 그것이 가장 좋은 방법이라고 다소 냉정하게 주장, 충고하여 말하는 표현입니다.

▷ 何事(なにごと)もやってみなければ分(わ)からない。まずは試(ため)してみる**ことだ**。

▷ 噂(うわさ)になるのが嫌(いや)なら、誰(だれ)にも話(はな)さない**ことだ**。

▷ 自分(じぶん)のことは自分(じぶん)でする**ことだ**。

何事(なにごと)も 무슨 일이든　試(ため)す 시도해 보다

체크 포인트

01 다음 예와 같이 빈칸에 알맞은 말을 넣어 보세요.

예

A　お子さん、入院したそうですね。そんなに症状がひどかったんですか。

B　ええ…。わたしが代われるものなら代わってあげたいです。

① A　やっぱりフランスに来てよかったね。明日、日本に帰りたくないなぁ。

B　うん。ずっと＿＿＿＿＿＿＿＿ものなら、いたいよね。

② A　「部長のやり方じゃだめなんです」ってはっきり言えばいいのに。

B　そんなふうにはっきり＿＿＿＿＿＿＿＿ものなら、とっくに言ってるよ。

③ A　ねー。早くこのパソコン、直してよ。

B　自分で＿＿＿＿＿＿＿＿ものなら、直してるよ。ぼくの力じゃ無理なんだ。

症状 증상　　代わる 대신하다　　やり方 하는 방법　　はっきり 확실히　　直す 고치다

02 다음 예와 같이 「~末」의 사용법이 올바른 것에는 ○, 틀린 것에는 X를 하세요.

예

A　転職、することにしたんですか。

B　ええ。いろいろ悩んだ末、決めました。(○)

① A 本当に学校をやめてしまうの？

B うん。半年間考えた末、決心したことなんだ。(　　)

② A ぼくが言っていたことを認めてくれるんですか。

B 実験を繰り返した末、君の仮説が正しいことがわかったよ。(　　)

③ A お嬢さんが、実家に帰ってきたそうですね。

B ええ。二年間の放浪生活の末、やっとですよ。(　　)

転職 전직　悩む 고민하다　決心する 결심하다　認める 인정하다　繰り返す 반복하다　仮説 가설　放浪 방랑

체크 포인트

03 다음 예와 같이 빈칸에 알맞은 말을 넣어 보세요.

예

A 昨日、彼女にふられてしまったんです…。

B 失恋から立ち直るためには、何もかも忘れて仕事をがんばることだよ。

① A 11月の連休、もう飛行機のチケットは取れないかな？

B まずは＿＿＿＿＿＿ことだよ。もしかすると、キャンセルがあるかもしれないから。

② A わたしが車の運転をしたら、すぐ事故に遭いそうで怖いんですよ。

B 心配ばかりしていないで、＿＿＿＿＿＿ことですよ。

③ A 妻がなかなか許してくれなくて…。どうしよう、このまま離婚ってことになったら。

B うーん、どんなに苦しくても、今は＿＿＿＿＿＿ことですよ。

ふられる 차이다　立ち直る 회복하다　何もかも 무엇이든　チケットを取る 티켓을 구하다　もしかすると 어쩌면
事故に遭う 사고를 당하다　許す 용서하다

문형 체크

01 다음 예와 같이 두 문장을 연결하여 완성해 보세요.

예 する / 長期間休暇を取って旅行でもしたい

→ できるものなら、長期間休暇を取って旅行でもしたい。

① 宇宙に行く / 行ってみたい

→ ______________ものなら、______________。

② 昔に戻る / 学生時代に戻ってもう一度勉強しなおしたい

→ ______________ものなら、______________。

③ 私が代わる / 代わってあげたい

→ ______________ものなら、______________。

宇宙 우주

02 다음 문장을 주어진 단어를 이용하여 알맞게 넣어 보세요.

① ________末、テレビも見られる携帯電話を買うことにした。 悩む

② もし失敗してしまっても、失敗だと________ことだ。 思う

③ 文句を言われたくないなら、きちんと________ことだ。 やる

④ ぼくたちは、________末に、結婚した。 大恋愛

文句 불평, 불만　　きちんと 똑바로, 제대로

기무라가 김유나에게 옛날 남자친구와 다시 만나볼 것을 권유하고 있습니다.

회화

あの日(ひ)に戻(もど)れるものなら、戻(もど)りたい 51

木村 ユナさん、ぼく、一晩(ひとばん)考(かんが)えたんだけど…。元(もと)カレのこと、まだ好(す)きなんですか？

キム それは嫌(きら)いで別(わか)れたわけじゃないから、今(いま)どうしてるかなって気(き)になることもあるんですよ。あの日(ひ)に戻(もど)れるものなら、戻(もど)りたいなー。

木村 それなら、彼(かれ)に連絡(れんらく)してみたらどうですか？ 彼(かれ)もまだユナさんのこと、あきらめきれずにいるかもしれませんよ。別(わか)れた後(あと)、一度(いちど)も連絡(れんらく)ないんですか？

キム 実(じつ)は半年前(はんとしまえ)に、もう一度(いちど)やり直(なお)さないかってメールがきたことがあるんです。悩(なや)んだ末(すえ)、返事(へんじ)は出(だ)さなかったんですが。

木村 そうなんですか？ じゃ、きっとユナさん次第(しだい)ですよ。まずは会(あ)って話(はな)してみることですよ。

キム でも、いまさら…。

단어

一晩(ひとばん) 하룻밤, 밤새　元(もと)カレ 전 남자친구　気(き)になる 신경쓰이다, 궁금하다　あきらめきれない 단념하지 못하다
やり直(なお)す 다시 시작하다　～次第(しだい)だ ~하기 나름이다　まずは 우선, 하여튼　いまさら 이제와서

듣기 연습

01 ～もの/もん 〈이유를 말하기〉

52

다음을 듣고 빈칸에 알맞은 말을 써 넣으세요.

佐藤：キムさん、部長に頼んでみたらどう？

キム：え？

佐藤：その仕事、________________________って。

キム：そんなの無理に決まってるよ。だいいち、もう仕事の担当者は________
________________もん。

02 ～次第だ 〈～에 의해 결정되는 것에 대해 말하기〉

53

다음을 듣고 빈칸에 알맞은 말을 써 넣으세요.

田中：鈴木さん、お見合いしたそうですが、どうでしたか？

鈴木：相手には気に入ってもらえたんですが、私が迷ってるんです。

田中：じゃ、________________________________。

03 ～っていう気もする〈소극적으로 자신의 생각을 말하기〉

54

다음을 듣고 마지막 문장에 들어갈 알맞은 말을 고르세요.

① もう遅いですよ。
② 今からでも遅くないですよ。
③ 早くしたほうがよかったです。
④ 早くないです。

04 ～ことだ〈권하기〉

55

다음은 高橋さん과 パクさん의 대화입니다. 내용과 맞는 것을 고르세요.

① 高橋さんがパクさんの悩みを聞いている。
② 高橋さんは仕事を辞める。
③ パクさんは職場の問題で悩んでいる。
④ 高橋さんはもっと今の職場で頑張る。

단어 총정리

문형연습 56

- 話(はな)し合(あ)い 서로 이야기함
- 別々(べつべつ)に 각각, 따로따로
- 何事(なにごと)も 무슨 일이든
- 試(ため)す 시도해 보다

체크 포인트 57

- 症状(しょうじょう) 증상
- 代(か)わる 대신하다
- やり方(かた) 하는 방법
- はっきり 확실히
- 直(なお)す 고치다
- 転職(てんしょく) 전직
- 悩(なや)む 고민하다
- 決心(けっしん)する 결심하다
- 認(みと)める 인정하다
- 繰(く)り返(かえ)す 반복하다
- 仮説(かせつ) 가설
- 放浪(ほうろう) 방랑
- ふられる 차이다
- 立(た)ち直(なお)る 회복하다
- 何(なに)もかも 무엇이든
- チケットを取(と)る 티켓을 구하다
- もしかすると 어쩌면
- 事故(じこ)に遭(あ)う 사고를 당하다
- 許(ゆる)す 용서하다

문형 체크 58

- 宇宙(うちゅう) 우주
- 文句(もんく) 불평, 불만
- きちんと 똑바로, 제대로

회화 본문 59

- 一晩(ひとばん) 하룻밤, 밤새
- 元(もと)カレ 전 남자친구
- 気(き)になる 신경쓰이다
- あきらめきれない 단념하지 못하다
- やり直(なお)す 다시 시작하다
- ～次第(しだい)だ ~하기 나름이다
- まずは 우선, 하여튼
- いまさら 이제와서

듣기 연습 60

- 頼(たの)む 부탁하다
- 担当者(たんとうしゃ) 담당자
- 相談(そうだん)する 상담하다
- 職場(しょくば) 직장

독해

• 勇気(ゆうき) 용기

昨日(きのう)、ユナさんの過去(かこ)の話(はなし)を聞(き)いた。そんなに好(す)きだった人(ひと)とどうして別(わか)れることになったのか、理由(りゆう)までは聞(き)けなかったけれど、ユナさんの表情(ひょうじょう)を見(み)ていたら、今(いま)も好(す)きなんだということがよく分(わ)かった。

ぼくに何(なに)かできることはないんだろうか？ もう一度(いちど)、彼(かれ)に会(あ)ってみたら、と勧(すす)めてみた。どうなるか分(わ)からないけれど、とりあえず今(いま)の気持(きも)ちを伝(つた)えたほうがいいんじゃないかと思(おも)ったから。ユナさん、勇気(ゆうき)を出(だ)して！

단어

- 過去(かこ) 과거
- 勧(すす)める 권하다
- 伝(つた)える 전하다
- 表情(ひょうじょう) 표정
- とりあえず 일단, 우선
- 勇気(ゆうき) 용기

第07課

心配のあまり、昨日は全然眠れなくて

위밍업

夜眠れないとき、あなたはどうしますか。

1. 急ぐあまり、階段で転んでしまった。
   서두른 나머지 계단에서 구르고 말았다.

2. 無責任な彼の言い方に腹が立ってしょうがない。
   무책임한 그의 말투에 화가 나서 참을 수가 없다.

3. 孫というのは誰にとってもかわいいものだ。
   손자라는 것은 누구에게나 당연히 귀여운 법이다.

문형연습

01 Aあまり B

A한 나머지 / 너무나 A하여 / 몹시 A한 결과

접속 [동사의 기본형 · た형] + あまり / [명사] + の + あまり

- A의 정도가 굉장히 심해서, 바라지 않던 좋지 않은 결과가 B에 온다는 것을 나타냅니다.

▷ ジェットコースターに乗って、怖さの**あまり**、声が出なくなったことがある。

▷ 厳しく育てた**あまり**、いつも親の顔色を見て行動する子供になってしまった。

▷ 心配の**あまり**、よく眠れませんでした。

育つ 키우다　顔色 안색　行動する 행동하다

02 Aて しょうがない

A라서 참을 수가 없다 · 어쩔 수 없다 / 너무 A하다

접속 [동사의 て형] / [い형용사의 て형] / [な형용사의 て형] + しょうがない

- 'A의 기분이 계속 이어져 참을 수가 없다'라는 의미로 '너무 A한 기분'을 나타냅니다.

▷ 無責任な彼の言い方に、腹が立って**しょうがない**。

▷ 気味が悪くて**しょうがない**から、そのテレビ消して。

▷ 最近いろいろなことが不安で**しょうがない**。どうすればいいものか…。

無責任 무책임　腹が立つ 화가 나다　気味が悪い 징그럽다　消す 끄다

03 Aものだ

A하는 것이 당연하다 / A(하)는 것이다

접속 [동사의 기본형]
[い형용사]
[な형용사] + な

→ + ものだ

● A라는 것이 자연스럽게 성립되며, 따라서 '당연히 A이다'라는 것을 나타냅니다.

▷ 100人(にん)の前(まえ)で発表(はっぴょう)するなら、誰(だれ)でも緊張(きんちょう)する**ものだ**よ。

▷ 最初(さいしょ)からうまくできる人(ひと)はいない。最初(さいしょ)は失敗(しっぱい)する**ものだ**。

또한, 주관적인 자신의 판단을 일반적인 것으로 강조하여 서술하며(예문①), 일반적이거나 본질적인 사실을 자신의 주관적인 입장으로 강조, 주장하여 서술할 때도 쓰입니다(예문②).

▷ これは子供(こども)も知(し)っている**ものだ**。(①)

▷ 自分(じぶん)のことは自分(じぶん)でする**ものだ**。(②)

※ 6과의 「～ことだ」가 주관적인 판단을 주장하는 반면, 「～ものだ」는 누구나 알고 있는 일반적・객관적인 사실로서 상대에게 주장하여 납득시킨다는 면에서 차이가 있습니다.

発表(はっぴょう)する 발표하다　緊張(きんちょう)する 긴장하다

체크 포인트

01 다음 예와 같이 빈칸에 알맞은 말을 넣어 보세요.

예

A ジャイアンツが優勝(ゆうしょう)したね。

B うん。うちの父(ちち)、感激(かんげき)のあまり、泣(な)いてたよ。

① A 鈴木(すずき)さんが病院(びょういん)に運(はこ)ばれたそうだけど、大丈夫(だいじょうぶ)なのかな。

B うん。息子(むすこ)さんの交通事故(こうつうじこ)の話(はなし)を聞(き)いて、________あまり、その場(ば)に倒(たお)れちゃったんだって。

② A キムさん、アルコール中毒(ちゅうどく)なんじゃないかなあ。

B 奥(おく)さんと別(わか)れて、________あまり、毎日(まいにち)お酒(さけ)ばかり飲(の)んでいるからね…。

③ A 胃(い)カメラ、どうだった？

B 思(おも)い出(だ)したくもない。________あまり、涙(なみだ)が出(で)てきたよ。

優勝(ゆうしょう)する 우승하다　感激(かんげき) 감격　運(はこ)ばれる 실려가다　倒(たお)れる 쓰러지다　アルコール中毒(ちゅうどく) 알콜중독
胃(い)カメラ 위 카메라　思(おも)い出(だ)す 생각해 내다

02 다음 예와 같이 괄호 안의 표현을 이용하여 알맞게 넣어 보세요.

예

A　おじいちゃん、本当(ほんとう)に幸子(さちこ)ちゃんのことが好(す)きなんだね。

B　うん、もう、かわいくてしょうがないっていう顔(かお)だったね。(かわいい)

① A　あんなに頑張(がんば)ったのに負(ま)けるなんて、____________________ よ。(悔(くや)しい)

B　まあ、まあ、そんなにイライラしないで。

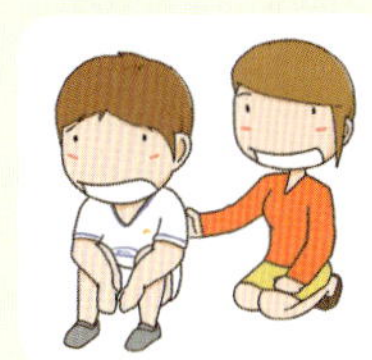

② A　どうしてそんなに納豆(なっとう)買(か)ってきたの？

B　ずっと外国(がいこく)にいたから、納豆(なっとう)が ____________________ んだ。(食(た)べたい)

③ A　お店(みせ)、大丈夫(だいじょうぶ)？ お客(きゃく)さん来(き)てるの？

B　それが…。毎日(まいにち) ____________________ んだよ。(暇(ひま)だ)

負(ま)ける 지다　　悔(くや)しい 분하다　　イライラする 초조해 하다

체크 포인트

03 다음 예와 같이 빈칸에 알맞은 말을 넣어 보세요.

예

A　もう、太郎ったら、注射を嫌がってすごく泣いて、恥ずかしかったわ。

B　そんなふうに言うなよ。子供は注射が嫌いなものだろ。

① A　あー、なかなか泣き止まないな…。どうしよう。

B　赤ちゃんは__________ものだよ。心配しなくてもいいんだよ。

② A　うちの息子、まだまだ子供なのに、ほんとに親になれるのかな。

B　子供ができれば、不思議と__________ものですよ。

③ A　チームのリーダーを任せられたんだけど、ちゃんと責任を果たせるか、心配…。

B　そんなに心配しなくても、__________ものだよ。

注射 주사　嫌がる 싫어하다　泣き止む 울음을 그치다　任せる 맡기다　責任を果たす 책임을 완수하다

문형 체크

01 다음「あまり」의 용법 중, 성격이 다른 하나를 고르세요.

① 急ぐあまり段階で転んでしまった。

② 兄は試験に合格した嬉しさのあまり川に飛び込んでしまった。

③ 私の住んでいる町には高いビルがあまりありません。

④ 彼は失望のあまり、途中で家へ帰ってしまった。

転ぶ 구르다　飛び込む 뛰어들다　失望 실망

02 가장 어울리는 것끼리 연결해 보세요.

① スイミングを始めたら	• •	誰にとってもかわいいものだ。
② かわいがっていたペットが死んで	• •	次のワールドカップが楽しみでしょうがない。
③ サッカーが大好きなので	• •	毎日お腹が空いてしょうがない。
④ 孫というのは	• •	悲しくてしょうがない。

孫 손자

기무라가 전 남자친구를 만나기 전 긴장하고 있는
김유나를 격려하고 있습니다.

회 화

心配(しんぱい)のあまり、昨日(きのう)は全然眠(ぜんぜんねむ)れなくて 61

木村 ユナさん、いよいよ今日(きょう)ですね。どうしたんですか？
さっきからため息(いき)ばかりついて。

キム 心配(しんぱい)のあまり、昨日(きのう)は全然眠(ぜんぜんねむ)れなくて。夢(ゆめ)にまで出(で)てきて。
ああ～、もう今(いま)は不安(ふあん)でしょうがないんです。

木村 大丈夫(だいじょうぶ)、大丈夫(だいじょうぶ)。リラックス、リラックス。ユナさんなら
できますよ！ こんな時(とき)は誰(だれ)でも不安(ふあん)になるものですよ。
日本語(にほんご)に「あたってくだけろ」っていう言葉(ことば)があるけれど、
聞(き)いたことあるでしょう？

キム うん…。でも、ほんとにくだけちゃったらどうしよう。

木村 ぼくがついてるじゃないですか。その時(とき)は朝(あさ)まで飲(の)みま
しょう。

キム うん。よし、頑張(がんば)る。

木村 頑張(がんば)ってください。

단어

いよいよ 드디어　ため息(いき) 한숨　不安(ふあん)だ 불안하다　くだける 깨지다, 부서지다

듣기 연습

01 ～(の)あまり〈걱정하는 것에 대해서 이야기하기〉

62

다음을 듣고 맞는 것에 ○, 틀린 것에 X를 하세요.

① キムさんは来月(らいげつ)のシンポジウムで司会(しかい)をする。　(　)

② キムさんはあまり心配(しんぱい)していない。　(　)

③ キムさんは昨日(きのう)眠(ねむ)れなかった。　(　)

02 ～てみれば？〈권하기〉

63

다음을 듣고 질문에 답해 보세요.

どうして伊藤(いとう)さんはため息(いき)をついていますか。

____。

03 ~からこそ〈후회되는 마음을 말하기〉

64

다음을 듣고 빈칸에 알맞은 말을 써 넣으세요.

佐々木：親がタバコを止めろってうるさいんですよ。

田中　：それは佐々木さんの________________________ですよ。

佐々木：ぼくは健康管理を________________________から、放っておいてほしいんですけどね。

04 ~の代わりに〈의뢰하기〉

65

다음은 イさん과 山本さん의 대화입니다. 질문에 답해 보세요.

山本さんはイさんの代わりに何をしますか。

① 会議に出る。
② 書類を片付ける。
③ 書類を届ける。
④ 書類を送る。

단어 총정리

문형연습 66

- [ ] 育(そだ)つ 키우다
- [ ] 顔色(かおいろ) 안색
- [ ] 行動(こうどう)する 행동하다
- [ ] 無責任(むせきにん) 무책임
- [ ] 腹(はら)が立(た)つ 화가 나다
- [ ] 気味(きみ)が悪(わる)い 징그럽다
- [ ] 消(け)す 끄다
- [ ] 発表(はっぴょう)する 발표하다
- [ ] 緊張(きんちょう)する 긴장하다

체크 포인트 67

- [ ] 優勝(ゆうしょう)する 우승하다
- [ ] 感激(かんげき) 감격
- [ ] 運(はこ)ばれる 실려가다
- [ ] 倒(たお)れる 쓰러지다
- [ ] アルコール中毒(ちゅうどく) 알콜중독
- [ ] 胃(い)カメラ 위 카메라
- [ ] 思(おも)い出(だ)す 생각해 내다
- [ ] 負(ま)ける 지다
- [ ] 悔(くや)しい 분하다
- [ ] イライラする 초조해 하다
- [ ] 注射(ちゅうしゃ) 주사
- [ ] 嫌(いや)がる 싫어하다
- [ ] 泣(な)き止(や)む 울음을 그치다
- [ ] 任(まか)せる 맡기다
- [ ] 責任(せきにん)を果(は)たす 책임을 완수하다

문형 체크 68

- [ ] 転(ころ)ぶ 구르다
- [ ] 飛(と)び込(こ)む 뛰어들다
- [ ] 失望(しつぼう) 실망
- [ ] 孫(まご) 손자

회화 본문 69

- [ ] いよいよ 드디어
- [ ] ため息(いき) 한숨
- [ ] 不安(ふあん)だ 불안하다
- [ ] くだける 깨지다, 부서지다

듣기 연습 70

- [ ] 告白(こくはく)する 고백하다
- [ ] 放(ほう)っておく 내버려 두다
- [ ] 届(とど)ける 전하다

독해

- 決戦は金曜日 결전은 금요일

私の好きなアーティスト、「Dreams Come True」の歌に「決戦は金曜日」というのがある。大好きな人に告白する、女の子の気持ちを歌ったもの。今、私の気持ちが、その歌詞と同じ。こんなにドキドキしたこと、今まであったっけ。そしてこんな勇気、自分にあったっけ？ 不思議でしょうがない。小心者の私が、こんな大胆な行動をするとは…。木村さんが私の背中をポンと押してくれなかったら、こんな行動をしようとは思わなかったかもしれない。

단어

- 決戦 결전
- 告白する 고백하다
- 歌詞 가사
- 勇気 용기
- 小心者 소심한 사람
- 大胆だ 대범하다
- 行動 행동
- 背中 등
- 押す 밀다

第08課

やり直すって決めた以上、頑張らないと

위밍업

あなたはけんかした後、どんな方法で仲直りしますか。

1. ゴミの分別が厳しいおかげで、ゴミの量が減ってきた。

   쓰레기 분별이 엄격한 덕에 쓰레기의 양이 줄어들었다.

2. 彼は作り話を本当に自分が経験したかのようにし始めた。

   그는 만든 이야기를 정말로 본인이 경험한 것처럼 하기 시작했다.

3. この学校の学生でない以上、講義を受けることはできない。

   이 학교 학생이 아닌 이상 강의를 받을 수는 없다.

문형연습

01 Aおかげ(で) B

A덕분에 B

접속 [동사의 기본형]
[い형용사]
[な형용사] + な
[명사] + の
→ + おかげ(で)

- 'A에 의해서 B라는 좋은 결과가 나왔다'라는 의미로, 'A'는 'B'라는 좋은 결과가 나온 원인 · 이유를 나타냅니다. 역설적으로 A에 의해서 B라는 바람직하지 않은 결과가 나왔다는 의미도 있지만, 그것은 비꼬거나 유머로서 사용하는 표현으로 보통은 감사한 마음을 나타냅니다.

▷ これらの書類(しょるい)を無事(ぶじ)作成(さくせい)できたのも、あなたの**おかげ**です。

▷ ゴミの分別(ぶんべつ)が厳(きび)しい**おかげで**、ゴミの量(りょう)が減(へ)ってきた。

▷ 普段(ふだん)からマイレージをコツコツと貯(た)めていた**おかげで**、海外旅行(かいがいりょこう)にただで行(い)ける。

無事(ぶじ)だ 무사하다　作成(さくせい)する 작성하다　分別(ぶんべつ) 분별　減(へ)る 줄다　コツコツ 꾸준히 함　貯(た)める 돈을 모으다

02 Aかのように B

A한 것처럼 B / A하기라도 한 듯 B

접속 [동사의 보통형] + かのように
[명사 · な형용사] + である / であった / だった + かのように

- 실제로는 그렇지 않은데, 마치 A와 같다고 착각할 정도의 상태를 강조하여 나타냅니다.

▷ 彼女(かのじょ)はペットの猫(ねこ)を自分(じぶん)の子供(こども)である**かのように**かわいがっている。

▷ 娘(むすめ)は昨日(きのう)までの熱(ねつ)がうそだった**かのように**、今日(きょう)は元気(げんき)に走(はし)り回(まわ)っている。

かわいがる 귀여워하다　走(はし)り回(まわ)る 뛰어다니다

03 A以上 B

A 이상 B

접속 [동사의 た형 · ている형 · い형용사]
[な형용사 · 명사] + である
[동사의 ない형] + ない
[い형용사] + くない
[な형용사 · 명사] + でない
　　+ 以上(いじょう)

첫째, A라는 행위가 성립될(또는 성립됐다고 가정) 경우 당연히 B가 된다는 의미가 있습니다. (예문①, ②) 뒷문장에는「～なければならない」「～べきだ」등의 의무표현이나「～つもりだ」「～ようと思(おも)う」등의 주관적 의지 표현이 오며, 기정사실은 오기 힘듭니다.
둘째, A가 상태 · 신분 · 입장인 경우 당연히 B가 되어야 한다는 의미로도 쓰입니다. (예문③)
셋째, A의 상태가 계속된다면 B의 상태도 계속된다는 의미를 나타내기도 합니다. (예문④)

- この計画(けいかく)は、進(すす)めた**以上(いじょう)**、後(あと)に戻(もど)ることはできないだろう。(①)
- これだけの金額(きんがく)を支払(しはら)った**以上(いじょう)**、ちゃんと責任(せきにん)を果(は)たしてもらわないと。(②)
- 夫婦(ふうふ)である**以上(いじょう)**、お互(たが)いに助(たす)け合(あ)って生活(せいかつ)していかなければならない。(③)
- この学校(がっこう)の学生(がくせい)でない**以上(いじょう)**、講義(こうぎ)を受(う)けることはできません。(④)

計画(けいかく) 계획　進(すす)める 진행하다　金額(きんがく) 금액　支払(しはら)う 지불하다　責任(せきにん)を果(は)たす 책임을 다하다　お互(たが)い 서로
助(たす)け合(あ)う 서로 돕다　講義(こうぎ)を受(う)ける 강의를 듣다

체크 포인트

01 다음 예와 같이 괄호 안의 표현을 이용하여 빈칸에 알맞게 넣어 보세요.

예

A 試験(しけん)の結果(けっか)、どうでしたか。

B <u>先生(せんせい)のおかげで</u>、無事(ぶじ)合格(ごうかく)することができました。(先生(せんせい))

① A 仕事(しごと)に戻(もど)れたそうで、本当(ほんとう)によかったですね。

B ええ。これも家族(かぞく)の＿＿＿＿＿＿＿＿＿＿です。(理解(りかい))

② A 交通事故(こうつうじこ)を起(お)こしたそうですが、大丈夫(だいじょうぶ)だったんですか。

B ええ。＿＿＿＿＿＿＿＿＿＿、経済的(けいざいてき)には助(たす)かりました。

(保険(ほけん)に入(はい)っている)

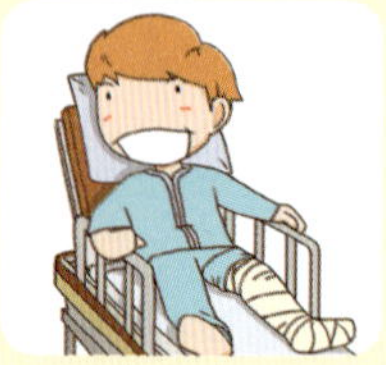

③ A 最近(さいきん)、顔色(かおいろ)がいいですね。何(なに)か始(はじ)めたんですか。

B いえいえ。＿＿＿＿＿＿＿＿＿＿、健康(けんこう)になったんです。

(タバコをやめる)

理解(りかい) 이해　　起(お)こす 일으키다　　経済的(けいざいてき) 경제적　　助(たす)かる 살아나다

02 다음 예와 같이 괄호 안의 표현을 이용하여 알맞게 넣어 보세요.

예

A 今日(きょう)は寒(さむ)いね。

B うん。一度(いちど)に冬(ふゆ)になったかのように寒(さむ)いね。(冬(ふゆ)になる)

① A 田中(たなか)さんから事件(じけん)の話(はなし)、聞(き)いた？

B 聞(き)いたよ。実際(じっさい)にその現場(げんば)を＿＿＿＿＿＿＿＿話(はな)してくれたよ。(見(み)る)

② A なんで彼女(かのじょ)に告白(こくはく)したの？

B だって。まるでぼくに＿＿＿＿＿＿＿＿態度(たいど)だったからさ。(気(き)がある)

③ A 佐藤(さとう)さんが外国人留学生(がいこくじんりゅうがくせい)の前(まえ)でお茶(ちゃ)を披露(ひろう)したんだって？

B うん。＿＿＿＿＿＿＿＿＿＿振(ふ)る舞(ま)っててすごいと思(おも)ったよ。(習(なら)ったことがある)

現場(げんば) 현장　告白(こくはく)する 고백하다　態度(たいど) 태도　気(き)がある 마음이 있다　披露(ひろう)する 선보이다　振(ふ)る舞(ま)う 행동하다

체크 포인트

03 다음 예와 같이 「以上(いじょう)」의 사용법이 올바른 것에는 ○, 틀린 것에는 X를 하세요.

예

A　この秘密(ひみつ)を守(まも)ってくれますか。

B　もちろんです。約束(やくそく)した以上(いじょう)、守(まも)ります。(○)

---

① A　日本(にほん)への留学(りゅうがく)で、いろんなことを吸収(きゅうしゅう)してきてくださいね。

B　はい。留学(りゅうがく)する以上(いじょう)、日本語(にほんご)だけでなく、日本(にほん)の文化(ぶんか)も学(まな)んでくるつもりです。(　　)

② A　たけしさんと別(わか)れることになったって本当(ほんとう)ですか。

B　あの人(ひと)がそう決(き)めた以上(いじょう)、そうしましたよ。(　　)

③ A　本当(ほんとう)に、あなたにこの仕事(しごと)を任(まか)せて大丈夫(だいじょうぶ)なんでしょうか。

B　私(わたし)にお任(まか)せください。仕事(しごと)を引(ひ)き受(う)ける以上(いじょう)、責任(せきにん)をもって最後(さいご)まで頑張(がんば)ります。(　　)

秘密(ひみつ)を守(まも)る 비밀을 지키다　吸収(きゅうしゅう)する 흡수하다　学(まな)ぶ 배우다　任(まか)せる 맡기다　引(ひ)き受(う)ける 도맡다
責任(せきにん)をもつ 책임을 갖다

문형 체크

01 아래에서 하나를 골라 빈칸에 알맞게 넣어 보세요.

~おかげで　　~かのように　　~以上

① 犯人は事件のことを初めて聞いた__________座っていました。

② 約束した__________は守らなければならない。

③ あなたが来てくれた__________、楽しい時間になりました。

④ 彼は作り話を本当に自分が経験した__________し始めた。

作り話 꾸며낸 이야기

02 주어진 단어를 알맞은 형태로 바꾸어 빈칸에 써 넣으세요.

① ________以上、成績でしか評価できないのは、しかたないことだ。学生だ

② ________おかげで、試験に合格できました。先生

③ 自分でやると________以上、最後までやらないとね。言う

④ 今日は家に誰もいなくて、________おかげで仕事に集中できた。静かだ

成績 성적　評価する 평가하다　しかたない 어쩔 수 없다　集中する 집중하다

전 남자친구와 다시 만나게 된 김유나가 기무라에게 전화를 걸어 이야기하고 있습니다.

회 화

やり直すって決めた以上、頑張らないと 71

キム もしもし、木村さん？

木村 あ、ユナさん。うまく話しできましたか？

キム ええ。わたしたち、もう一度やり直すことになりました。木村さんのおかげです。

木村 よかった。実は、余計なお世話だったかなって、思ってたんですが。うまくいって本当によかったです。

キム なんだか、今まで悩んでいた時間がうそだったかのように、今はすっきりした気持ちです。やり直すって決めた以上、今度こそ頑張らないと。

木村 そうそう。また変なことで喧嘩しちゃだめですよ。

キム はい。もしよかったら、明日３人で会いませんか。彼を紹介しますから。

木村 いいですよ。二人で何かごちそうしてくれるんですか。

キム もちろんです。明日は飲み放題、食べ放題ですよ。

단어

やり直す 다시 시작하다　余計なお世話 쓸데없는 참견　悩む 고민하다　すっきりする 후련해지다
今度こそ 이번에야말로　喧嘩する 싸우다　ごちそうする 한턱내다　～放題 맘껏 ～함

듣기 연습

01 何と言って感謝したらいいか… 〈감사의 마음 전하기〉

72

다음을 듣고 맞는 것에 ○, 틀린 것에 X를 하세요.

① 佐々木さんのプロジェクトは成功した。 (　　)

② 加藤さんはプロジェクトのことを知らなかった。 (　　)

③ 佐々木さんは加藤さんに感謝している。 (　　)

02 ～ってことは…？ 〈상대의 발언으로부터 유추하기〉

73

다음을 듣고 마지막에 들어갈 알맞은 말을 고르세요.

① 別れることになったんだ。

② 両親に会うことになったんだ。

③ 結婚することになったんだ。

④ 他の人に会ってみることにしたんだ。

03 ～ちゃ(じゃ)だめだ 〈충고하기〉

74

다음은 イさん과 木村(きむら)さん의 대화입니다. 질문에 답해 보세요.

どうして木村(きむら)さんは体(からだ)の調子(ちょうし)が悪(わる)かったのですか。

____。

04 ～放題(ほうだい) 〈원하는 만큼 ～해도 좋다는 것을 말하기〉

75

다음은 高橋(たかはし)さん과 伊藤(いとう)さん의 대화입니다. 질문에 답해 보세요.

どうして伊藤(いとう)さんは高橋(たかはし)さんにおごりますか。

① 高橋(たかはし)さんのおかげで開店(かいてん)したから。
② 高橋(たかはし)さんのおかげで転職(てんしょく)したから。
③ 高橋(たかはし)さんのおかげで婚約(こんやく)したから。
④ 高橋(たかはし)さんのおかげで合格(ごうかく)したから。

단어 총정리

문형연습 (76)

- ❑ 無事(ぶじ)だ 무사하다
- ❑ 作成(さくせい)する 작성하다
- ❑ 分別(ぶんべつ) 분별
- ❑ 減(へ)る 줄다
- ❑ コツコツ 꾸준히 함
- ❑ 貯(た)める 돈을 모으다
- ❑ かわいがる 귀여워하다
- ❑ 走(はし)り回(まわ)る 뛰어다니다
- ❑ 計画(けいかく) 계획
- ❑ 進(すす)める 진행하다
- ❑ 金額(きんがく) 금액
- ❑ 支払(しはら)う 지불하다
- ❑ 責任(せきにん)を果(は)たす 책임을 다하다
- ❑ お互(たが)い 서로
- ❑ 助(たす)け合(あ)う 서로 돕다
- ❑ 講義(こうぎ)を受(う)ける 강의를 듣다

체크 포인트 (77)

- ❑ 理解(りかい) 이해
- ❑ 起(お)こす 일으키다
- ❑ 経済的(けいざいてき) 경제적
- ❑ 助(たす)かる 살아나다
- ❑ 現場(げんば) 현장
- ❑ 告白(こくはく)する 고백하다
- ❑ 態度(たいど) 태도
- ❑ 気(き)がある 마음이 있다
- ❑ 披露(ひろう)する 선보이다
- ❑ 振(ふ)る舞(ま)う 행동하다
- ❑ 秘密(ひみつ)を守(まも)る 비밀을 지키다
- ❑ 吸収(きゅうしゅう)する 흡수하다
- ❑ 学(まな)ぶ 배우다
- ❑ 任(まか)せる 맡기다
- ❑ 引(ひ)き受(う)ける 도맡다
- ❑ 責任(せきにん)をもつ 책임을 갖다

문형 체크 (78)

- ❑ 作(つく)り話(ばなし) 꾸며낸 이야기
- ❑ 成績(せいせき) 성적
- ❑ 評価(ひょうか)する 평가하다
- ❑ しかたない 어쩔 수 없다
- ❑ 集中(しゅうちゅう)する 집중하다

회화 본문 (79)

- ❑ やり直(なお)す 다시 시작하다
- ❑ 余計(よけい)なお世話(せわ) 쓸데없는 참견
- ❑ 悩(なや)む 고민하다
- ❑ すっきりする 후련해지다
- ❑ 今度(こんど)こそ 이번에야 말로
- ❑ 喧嘩(けんか)する 싸우다
- ❑ ごちそうする 한턱내다
- ❑ ～放題(ほうだい) 맘껏 ～함

듣기 연습 (80)

- ❑ 大(たい)した 대단한
- ❑ 式場(しきじょう) 식장
- ❑ 開店(かいてん)する 개점하다
- ❑ 転職(てんしょく)する 전직하다
- ❑ 婚約(こんやく)する 약혼하다

독해

- 最高 최고

やった！ユナさんが元カレともう一度やり直すことになった。ぼくも役に立てたような気がして最高の気分だ。今晩、３人でお祝いパーティーをした。ユナさんの彼は、かっこよくてやさしい人だった。

そしてもう一つ嬉しかったのは韓国語の会話力が上がったことだ。３人で話している間はずっと韓国語だったけれど、言いたいことが言えるようになっているのを実感した。残り半年の韓国生活、ぼくも後悔することのないように、いろんなことにチャレンジしていこう。

단어

- 今晩 오늘밤
- お祝い 축하
- 役に立つ 도움이 되다
- 気がする 기분이 들다
- 実感する 실감하다
- 後悔する 후회하다

듣기 스크립트 및 정답

듣기 스크립트 및 정답

第01課 プサンといえば、新鮮な刺身ですよ

01

佐藤(さとう) キムさんの故郷(こきょう)って、確(たし)かチェジュドでしたよね。

キム ええ、そうですよ。

佐藤(さとう) ここからチェジュドまではどうやって行(い)くんですか。

キム 船(ふね)でも行(い)けるけど、飛行機(ひこうき)のほうが速(はや)くて便利(べんり)です。

정답

1. チェジュド
2. 船(ふね)・飛行機(ひこうき)

02

山本(やまもと) チェジュドには、何(なに)か有名(ゆうめい)な食(た)べものがありますか。

パク チェジュドといえば、みかんですね。

山本(やまもと) みかんですか。それは、ぜひ食(た)べないと。

パク ええ、ぜひ食(た)べてみてください。

정답 みかん

03

木村(きむら) 加藤(かとう)さん、夏(なつ)に北海道(ほっかいどう)に行(い)くんですが、何(なに)かお勧(すす)めの食(た)べものはありますか。

加藤(かとう) やっぱりかにですね。北海道(ほっかいどう)は海産物(かいさんぶつ)を抜(ぬ)きにしては語(かた)れませんからね。

木村(きむら) そうですか。わくわくしてきました。今(いま)から楽(たの)しみです。

정답 ①-○ ②-X ③-○ ④-○

04

田中(たなか) 鈴木(すずき)さん、旅行(りょこう)に行(い)ったら、何(なに)がしたい？

鈴木(すずき) そうだなぁ、温泉(おんせん)めぐりをしたいな。実(じつ)は、三度(さんど)の飯(めし)より温泉(おんせん)が好(す)きなんだ。

田中(たなか) へー、そうだったんだ。

정답 ②

듣기 스크립트 및 정답

第02課 昨日雪が降ったとか

01

佐藤　キムさん、私、昨日ちょっとびっくりしたんです。彼女が…。
キム　彼女がどうしたんですか。
佐藤　「初雪だから今から会わない？」って。他に約束があるのに…。
キム　韓国の恋人同士だったら普通ですよ。初雪の日は、デートしなきゃ。

정답　①-○　②-X　③-○

02

山本　パクさん、昨日、高橋くんと山に行ったとか。
パク　うん、そうそう。彼、写真を撮りまくってたよ。
山本　好きだもんねー。

정답　③

03

木村　さっき、パソコンを買ったんだって？
加藤　うん、そうだけど？
木村　あと一日待てば、＿＿＿＿＿＿。

정답　③

04

田中　今日、木村さんに会いましたか。
鈴木　いえ、会っていませんけど…。
田中　さっき、「孫ができた」って嬉しがってましたよ。

정답　③

듣기 스크립트 및 정답

第03課 大きい地震だったわりには、被害は少なかったみたい

01

パク　木村さん、となりで火事があったんだって？大丈夫？

木村　うちはなんとか大丈夫。でも本当に怖かった。

パク　被害は？

木村　けむりが来たり、庭の木が焼けたりしたけど、けが人が出なかったからよかったよ。

정답　① - X　② - ○　③ - X

02

キム　相澤さん、今回の地震、心からお見舞い申し上げます。それにしても、怖かったでしょうね。

相澤　ええ。その瞬間は、もう家が壊れるかと思いました。

キム　ほんとに無事でよかったですね。

정답　②

03

佐々木　松本さん、どうしてもっと早く安全なところに逃げなかったんですか。

松本　腰が抜けて、逃げようにも逃げられなかったんです。

정답　③

04

伊藤　交通事故に遭ったって本当ですか。

イ　あ…はい。でもけがは軽くて済みました。

伊藤　そうですか…、それは不幸中の幸いでしたね。

정답　交通事故に遭った
けがは軽くて

듣기 스크립트 및 정답

第04課 地震は昼夜を問わずやってくるから

01

キム　田中さん、今回のことは本当に心配だったでしょう。

田中　ええ、彼が事故に遭うなんて…。信号で止まっていたところに車がぶつかったそうなんです。

キム　それは本当にお気の毒でしたね。

정답　③

02

イ　息子さんの留学を許したんですか。

木村　ええ。＿＿＿＿＿＿＿＿＿＿っていうでしょ。

イ　そうですね。

정답　①

03

キム　相澤さんは、試験対策、しているんですか。

相澤　過去問を解くとか、模擬試験を受けるとか、それぐらいはしていますよ。

キム　「備えあれば憂いなし」ですからね。

정답　過去問を解く
模擬試験を受ける

04

パク　これから日本の人口はどうなるでしょうか。

佐藤　データによると、50年後には65歳以上のお年寄りが約40%になるって言われてるんだよ。

パク　そうなんですか！しっかり少子化対策をしておかないといけませんね。

정답　②

듣기 스크립트 및 정답

第05課 店の前を通るたびに思い出すんですよ

01

高橋　今日はすてきなお店に連れてきてくれて、ありがとうございました。
吉田　いえいえ。
高橋　おいしい韓国料理が食べられて、すごくよかったです。
吉田　＿＿＿＿＿。ここまできた甲斐がありました。

정답　②

02

佐藤　お疲れ様。
キム　お疲れ様。佐藤さん、ちょっと一杯飲んでいかない？ あの店、新しくできたんだよ。
佐藤　あ…、あの店はちょっと…。他のところにしない？

정답　②

03

加藤　田中さんに昔付き合ってた人がいたなんて、びっくりしました。
田中　誰にだって、恋の思い出の一つや二つはありますよ。
加藤　そうですよね。

정답　②

04

イ　鈴木さん、彼と別れたんだって？
鈴木　うん。でも、嫌いで別れたわけじゃないから、これからもいい友達でいるつもり。
イ　そっかー。

정답　① - ○　② - X　③ - ○

第06課 あの日に戻れるものなら、戻りたい

01

佐藤 キムさん、部長に頼んでみたらどう？
キム え？
佐藤 その仕事、ぼくにさせてくださいって。
キム そんなの無理に決まってるよ。だいいち、もう仕事の担当者は決まっていると思うもん。

정답 ぼくにさせてください
決まっていると思う

02

田中 鈴木さん、お見合いしたそうですが、どうでしたか？
鈴木 相手には気に入ってもらえたんですが、私が迷ってるんです。
田中 じゃ、付き合うかどうかは、鈴木さんの気持ち次第ですね。

정답 付き合うかどうかは、鈴木さんの
気持ち次第ですね

03

キム 彼に相談してみたらどうですか。
加藤 うーん、でも、今さらっていう気もするし…。
キム ううん。＿＿＿＿＿＿＿＿。

정답 ②

04

高橋 ああ…どうしようかな。会社、辞めようかな。
パク 高橋さん、そんなに悩まないで、今の職場で頑張ることですよ。
高橋 パクさんがそこまで言うなら、頑張らないこともないけど…。
パク よし、「石の上にも三年」ですよ。

정답 ④

듣기 스크립트 및 정답

第 07 課 心配のあまり、昨日は全然眠れなくて

01

佐藤　キムさん、どうしたんですか。元気がないですね。

キム　実は、来月のシンポジウムで司会をすることになったんです。心配のあまり、よく眠れなくて…。

佐藤　キムさんなら大丈夫ですよ。自信をもってください。

キム　ありがとうございます。頑張ります。

정답　①-○　②-X　③-○

02

伊藤　あーあ。

パク　どうしたの、伊藤さん。ため息なんかついて。

伊藤　鈴木さんに告白されたんだよね…。

パク　へー、いいんじゃない、付き合ってみれば？

伊藤　もう、ひとごとだと思って…。

정답　鈴木さんに告白されたから

03

佐々木　親がタバコを止めろってうるさいんですよ。

田中　それは佐々木さんの体を心配しているからこそですよ。

佐々木　ぼくは健康管理をしっかりしているから、放っておいてほしいんですけどね。

정답　体を心配しているからこそ
しっかりしている

04

イ　あの、山本さん。実は、今から会議に入るんですが、この書類…。

山本　ああ、私が届けましょうか。

イ　すみません。代わりに届けていただけますか。

山本　ええ、いいですよ。

정답　③

듣기 스크립트 및 정답

第08課 やり直すって決めた以上、頑張らないと

01

加藤　佐々木さん、あのプロジェクト、どうなりましたか。

佐々木　おかげさまで成功しました。

加藤　そうですか。それを聞いて安心しました。

佐々木　これもすべて加藤さんのおかげです。何と言って感謝したらいいか…。

加藤　いえいえ。大したことはしていませんよ。

정답　①-○　②-X　③-○

02

佐藤　彼女とはどうなってるの？

キム　そろそろ式場を予約しないとな。

佐藤　…ってことはもしかして？

キム　うん、＿＿＿＿＿＿＿。

정답　③

03

イ　木村さん、もう体の具合はいいの？

木村　はい、おかげさまで。

イ　3日間、何も食べないなんて、もうあんな無理をしちゃだめだよ。

木村　そうですね。心配かけてすみませんでした。

정답　3日間、何も食べなかったから

04

高橋　伊藤さん、開店おめでとう！

伊藤　ありがとう。これも高橋さんのおかげだよ。

高橋　そんなことないよ。伊藤さんが頑張ったからこそだよ。

伊藤　今日はぼくがおごるよ。今日は食べ放題、飲み放題だよ！

정답　①

EASY ICHIBAN 日本語 DIRECT INTERMEDIATE-2

초판인쇄_ 2011년 01월 05일
초판발행_ 2011년 01월 10일

감수_ 김조웅
저자_ 박나리 · 김선혜 · 김선리 · 田立いずみ
책임편집_ 신제찬 · 조해완 · 中原美菜子
일러스트_ 지 석
표지디자인_ 민진홍
펴낸이_ 엄호열
펴낸곳_ (주)시사일본어사
등록일자_ 1977년 12월 24일
등록번호_ 제300 - 1977 - 31호
주소_ 서울 종로구 원남동 13번지
전화_ 1588 - 1582(교재구입문의)
02)3671 - 0572(교재내용문의)
팩스_ 02)3671 - 0500
홈페이지_ book.japansisa.com
이메일_ tltk@chol.com

ISBN 978 - 89 - 402 - 7243 - 5 18730
978 - 89 - 402 - 7238 - 1 18730 set